BASTEI
LÜBBE

Von Petra Zeitz ist außerdem bei Bastei-Lübbe lieferbar:

61207 – PHIL COLLINS

PETRA ZEITZ

unter Mitarbeit von Corinne Ullrich

JOE COCKER

Eine lebende Rock-Legende

BASTEI LÜBBE

BASTEI-LÜBBE-TASCHENBUCH
Band 61256

Originalausgabe:

Redaktionelle Mitarbeit: CORINNE ULLRICH
Printed in Germany, März 1993
Einbandgestaltung: Roberto Patelli
Titelfoto: Vander: Action Press
Satz: Fotosatz Manfred Schöning, Wiehl
Druck und Bindung: Ebner Ulm
ISBN 3-404-61256-6

Der Preis dieses Bandes versteht sich
einschließlich der gesetzlichen Mehrwertsteuer.

INHALT

ANHANG

EINLEITUNG

Über Joe Cocker sagte einmal ein Kritiker: »Wenn er singt, zerreißen sein eigenes Herz und seine Seele mit der Dringlichkeit und Intensität eines van Gogh des Rock 'n' Roll... Ein Song, der einmal von Joe Cocker gesungen wurde, ist damit für immer gesungen worden.«

John Robert Cocker genießt weltweit den Ruf eines hervorragenden Sängers, extravaganten Interpreten und passionierten Bühnenmusikers. Mit seinem unvergeßlichen Auftritt beim inzwischen legendär gewordenen Woodstock Festival ging Joe Cocker in die Annalen der modernen Musikgeschichte ein. Seither meisterte der gebürtige Brite alle Höhen und Tiefen seiner facettenreichen Karriere. Deutschland avancierte zu einer Hochburg der Cocker-Begeisterung. Ausverkaufte Konzerthallen und jubelnde Fans bestimmen hier seit vielen Jahren das Bild seiner Tourneen.

Der Meister selbst sagte einmal über seine deutschen Fans: »Die Leute hier haben eine unheimliche Liebe zur Bluesmusik. Sie haben mich unterstützt, als ich ganz unten war. Ohne die deutschen Fans hätte ich die Krise damals nicht überlebt.« Doch Cocker ist ein *Surviver,* ein Stehaufmännchen. Er kann getrost behaupten, zu den wenigen »lebenden Legenden« des Rockgeschäfts zu gehören.

SHEFFIELD – schmelzender Stahl

Giftige Gase strömen aus den Schornsteinen der Industriestadt und verdunkeln den ohnehin schon grauen Himmel. Was für einen Polen Kattowitz ist, heißt für einen Engländer Sheffield. Auf der Höhe der großen Industriemetropolen Liverpool und Manchester gelegen, wurde Sheffield durch seine Stahlproduktion bekannt. Eine Staubschicht bedeckte früher die umliegende Landschaft, und bereits 1760 stellte der Autor Horace Walpole fest: »Sheffield ist eine der schmutzigsten Städte in einer der bezauberndsten Gegenden Englands.«

Auch wenn sich mit den Jahren viel veränderte und Sheffield sich heute als moderne Industriestadt mit sauberen Vororten präsentiert, so haftet ihr doch noch der Geruch von Dreck, Schweiß und Arbeit an. Die Stahlproduktion war besonders zu Beginn ein hartes Männergeschäft, und das färbte auch auf die Menschen ab, die die Stadt bevölkerten, zupackende, rauhe Gestalten. Sheffield war eine Stadt der ›working class‹, der Arbeiterklasse, und im England der fünfziger Jahre spielte das Klassenbewußtsein noch eine so wichtige Rolle, daß es in den Pubs wenn nicht getrennte Räume, so doch besondere Ecken für die Arbeiterklasse gab. Karl Marx schrieb seine Werke über den Klassenkampf nicht zufällig in England, denn nirgendwo sonst war das Klassensystem so deutlich ausgeprägt.

Hier existierte auch eine ganz besondere traditionelle Einrichtung: die Clubs für Arbeiter. So wie jeder Engländer, der etwas auf sich hielt, Mitglied eines möglichst angesehenen und elitären Clubs war, gab es für die Arbeiter die Arbeiterclubs. Sie hatten fast die gleiche Funktion wie Gemeindezentren, durften aber ausschließlich von Männern besucht werden. Billiges Bier wurde ausgeschenkt, und man spielte Bingo, Billard oder Darts, sang oder vergnügte sich auf andere Weise.

Heute ist Sheffield die viertgrößte Stadt in Großbritannien (vor Liverpool), doch große Teile der einst blühenden Stahlindustrie liegen brach, die Stahlproduktion ist um die Hälfte gekürzt worden. Um Sheffield liegt jetzt verlassenes Industrieland mit großen Fabriken und rußigen Steinhäusern, die Hochöfen sind kalt und leer, die Arbeitslosigkeit ist groß. Ende der vierziger, Anfang der fünfziger Jahre hatte Sheffield gerade den Zweiten Weltkrieg und die heftigen Angriffe der Deutschen auf diese durch ihre Stahlproduktion wichtige Stadt überstanden. England war in Aufbaustimmung, man packte an, konnte aber auch wieder unbesorgt feiern und genießen. Vergnügungsclubs schossen aus dem Boden, und in den Arbeiterkneipen war fast jeden Abend Unterhaltung angesagt.

So sah die Umgebung aus, in der einer der berühmtesten Musiker unserer Zeit seine ersten Jahre verlebte.

EINFLÜSSE

Als John Robert Cocker am 20. Mai 1944 geboren wurde, drang höchstwahrscheinlich entweder Opernmusik oder ein schnittiger Marschrhythmus an sein Ohr, denn Joes Vater war Mario-Lanza- und Caruso-Fan.

Vielleicht dröhnte aber auch der Lärm angreifender Flugzeuge an das Ohr des Säuglings. Obwohl Sheffield hoch im Norden lag, setzten die feindlichen deutschen Flugzeuge nämlich alles daran, die Stadt zu zerstören. Schließlich wurden in Sheffield Stahl und Eisen für die englische Rüstungsindustrie produziert.

Die junge Familie Cocker blieb von den Auswirkungen des Krieges nicht verschont. Johns Vater Harold war in der Air Force und kehrte erst im Sommer 1944 nach Hause zurück, als sein zweiter Sohn bereits drei Monate alt war.

Sieben Jahre zuvor hatte Harold Cocker Madge, die eigentlich Marjorie hieß, geheiratet, und sie beide waren auf den Hügel in Crookes, in die Tasker Road 38, gezogen. Nach drei Jahren kam ihr erster Sohn Victor zur Welt, vier Jahre später John Robert, den später alle nur noch als Joe kennenlernen sollten.

Im Zivilleben hatte Joes Vater einen wenig kämpferischen Job. Er arbeitete als Angestellter der National Assistance Board für den britischen Staat und gab das Arbeitslosengeld aus. Er war ein typischer Brite, der es liebte, im Garten zu arbeiten. Er war ein ruhiger Typ, im Gegensatz zu Joes Mutter Madge, die vital und extrovertiert Leben in das Haus brachte.

Schon als Kind brüllte Joe immer am lautesten von allen: auf dem Spielplatz, in der Schule, im Urlaub, im Seebad. Der Name Joe ist ein Überbleibsel von Spielen aus Kindheitstagen. Schließlich nannte auch seine eigene Familie ihn nur noch Joe. Bis auf seinen Vater. Der alte, mittlerweile über achtzig Jahre alte Herr, sagt heute noch John zu seinem Sohn. »Wenn ich zu Johns Konzerten zu spät kam, bekam ich manchmal Schwierigkeiten, weil die Leute nie wußten, von wem ich redete«, erzählt er.

Musikalisch beeinflußte Joe in jungen Jahren nur die Opernliebe seines Vaters. Gemeinsam mit ihm sah er sogar den Film »Der große Caruso«. Die Musikszene nach dem Krieg war geprägt von schmalzigen Schlagern und amerikanischen Big-Band-Songs. Nach den Härten und Entbehrungen des Krieges hatten die Menschen Lust auf unkomplizierte, einfache, humorvolle und fröhliche Lieder. Frank Sinatra, Perry Como und Frankie Laine hießen die amerikanischen Publikumslieblinge, der witzige Noel

Coward lieferte das britische, etwas weniger sentimentale Pendant dazu. Erst der Heuler Johnny Ray, der bei seinen Auftritten stets in Tränen ausbrach, brachte 1952 etwas Schwung in die Darbietungen, und 1953 eroberte Harry Belafonte die Charts.

Joe war elf, als er ernsthaft begann, sich für Musik zu interessieren. Die Skiffle-Begeisterung war ausgebrochen, und wie die meisten seiner Generation, war auch der junge Joe von dem unmittelbaren, lebendigen Sound fasziniert.

Skiffle kam Mitte der fünfziger Jahre auf und wurde in erster Linie auf einfachen, oft selbstgefertigten Instrumenten gespielt: dem Kazoo (Kamm mit Seidenpapier), dem Teekistenbaß, dem Waschbrett und dem Banjo (das einfacher zu spielen war als die Gitarre, da es nur vier statt sechs Saiten hatte). Skiffle hatte gegenüber allen anderen Musikarten einen entscheidenden Vorteil: Jeder konnte ihn leicht lernen und selbst spielen. Zum ersten Mal ließen die Kids sich nicht mehr nur berieseln, sondern griffen selbst zum Instrument.

Vorreiter war der Schotte Lonnie Donegan, der mit zehn Jahren zum ersten Mal mit seiner Gitarre auf der Bühne stand. Nach der Entlassung aus der Armee gründete er seine erste eigene Gruppe, und 1956 begann mit »Rock Island Line« eine grandiose Hitserie. Lonnie spielte damals eigentlich Banjo in der Band des Jazzmusikers Chris Barber und hatte den Titel rasch in einer Aufnahmepause eingespielt. Innerhalb von sechs Monaten verkaufte sich die Single drei Millionen Mal in der ganzen Welt und löste eine regelrechte »Skiffle-Craze« aus. Skiffle war eine einfache, energetische Musik, und Lonnie ermutigte seine Fans, ebenfalls ihre eigene Musik zu machen. In der Londoner Region entstanden in kurzer Zeit etwa 600 Skiffle-Clubs, ähnlich wie in allen anderen englischen Großstädten.

Joe war bedingungsloser Donegan-Fan. Er kaufte von seinem mühsam ersparten Taschengeld nicht nur sämtliche Platten, sondern wurde auch Mitglied im offiziellen Lonnie-Donegan-Fanclub. Als er sein Idol etwas später bei einem Konzert im Sheffield Empire am Bühnenausgang persönlich traf, sagte er: »Ich möchte so werden wie Sie.«

Abgesehen von seinem coolen ›Gitarrenspiel‹ auf dem Tennisschläger tat Joe sich musikalisch überhaupt nicht hervor. Dafür brillierte er in anderer Hinsicht: In einer Schulaufführung der Operette »Prince Ju Ju« stellte er sein komödiantisches Talent als Schauspieler unter Beweis.

Im Juli 1955 verließ er die Lydgate Lane School und ging für zwei Jahre an die weiterführende Western Road Secondary Modern School. Sein damaliger Lehrer erinnert sich aus dieser Zeit nur an eins: »Ständig trommelte er auf seinem Tisch herum. Seine Hände und Füße waren ununterbrochen in Bewegung!«

Daß Joe dann aber doch noch auf der musikalischen Bühne landete, verdankt er seinem vier Jahre älteren Bruder. Victor, ein mindestens ebenso großer Skiffle-Fan wie Joe, gründete mit drei Freunden zusammen seine eigene Band: The Headlanders. Victors Freund Dave Brooksbank war der Bandleader und spielte Banjo, Victor selbst schrubbte das Waschbrett, und die anderen beiden spielten Gitarre. Gelegentlich traten sie in Jugendclubs oder bei Schulveranstaltungen auf.

Der siebzehnjährige Dave war nicht zufällig der Bandleader. Er hatte ein Gespür für Musik – und so fiel ihm irgendwann Victors kleiner Bruder auf. Eines Abends, in einem Club in Walkley, rief er den damals zwölfjährigen Joe auf die Bühne und ließ ihn singen.

Doch Joes Gastauftritte sollten die Ausnahme bleiben – sehr zum Leidwesen des Jungen. Wie sehr hatte er das Gefühl genossen, selbst auf der Bühne zu stehen! Besonders hart traf es Joe, als die Headlanders an einem Talentwettbewerb teilnahmen, der von der ersten Rock 'n' Roll Show im britischen Fernsehen, »6.5 Talent«, veranstaltet wurde. Joe saß im Publikum und dachte: »Mein Gott, wäre das schön, wenn ich jetzt auch da oben auf der Bühne stehen könnte!«

Als Joe dreizehn war, wechselte er an die Central Technical School. An der Schule gab es eine Skiffle-Band, und bei deren erstem Konzert saß Joe in der ersten Reihe und kochte innerlich. »Ich wollte so gerne auch da oben sein. Ich war ein sehr ungeduldiges Kind, das unbedingt mitmachen wollte«, erzählt er heute.

Mit vierzehn Jahren verdiente Joe sein erstes eigenes Geld – mit Zeitungsaustragen. Damals hatte er schon das Rauchen entdeckt – und verfügte auch über genügend Geld, um es sich leisten zu können. Jeden Morgen traf er auf seiner Route den gleichaltrigen Phil Crookes, und sie redeten fast ausschließlich über Musik. Phil konnte ein bißchen Gitarre spielen und schwärmte noch dazu ebenfalls für Lonnie Donegan. Joe war beeindruckt und lud ihn schon bald zu sich nach Hause ein.

In der Zwischenzeit hatte sich in der englischen Musikszene einiges getan. Eine aufregend neue, ungewöhnliche Musik aus Amerika setzte sich immer stärker durch. Mitte der fünfziger Jahre galt Amerika als das Land des Konsums, der Kühlschränke und Farbfernseher und der sauberen, braven Familien. *Wenigstens gab es keine Depression mehr,* schrieb der Rock-Chronist Nik Cohn. *Es ging nicht mehr in der Hauptsache darum, sich irgendwie über Wasser zu halten – nein, die Teenager konnten endlich ihre Ansprüche anmelden. Der einzige Haken war: Als sie losgingen und nach etwas suchten, für das sie ihr Geld ausgeben konnten, fanden sie absolut nichts. Sie hatten keine eigene Musik, keine eigene Mode, keine eigenen Clubs – eben keine Identität.*

Zwar stellte sich diese Problematik im kriegsgebeutelten England etwas anders dar als im fernen Amerika, doch die Amerikaner trafen mit ihrer Musik auch bei den britischen Kids voll den Nerv der Zeit. Bill Haleys »Rock Around The Clock« läutete die Ära des Rock 'n' Roll lautstark ein. Am 12. April 1954 erschien der Song in Amerika, ein Jahr später kam der Film »Saat der Gewalt«, in dem er gespielt wurde, auch in die englischen Kinos und sorgte für Ausschreitungen und Skandale. Mitte 1956 landete Elvis Presley mit »Heartbreak Hotel« seinen bis dahin größten Hit. In den beiden Jahren 1956 und 1957 hatte Elvis allein in den englischen Charts 19 (!) Hits.

Dabei war es ziemlich schwierig, in England an die begehrten Scheiben zu kommen, wenn man nicht über die entsprechenden Beziehungen verfügte. Den Einwohnern von Hafenstädten wie Liverpool ging es da besser. Dort brachten die Seeleute die neuesten, heißesten Scheiben direkt aus Amerika mit. Hatte man diese Beziehungen nicht, so mußte man warten können. Manche Singles wurden überhaupt nicht veröffentlicht, die wichtigsten erst nach Wochen, und im Radio hatte man auch selten die Chance, Rock 'n' Roll zu hören, da der im regulären Programm kaum gespielt wurde. Die BBC brachte selbst die Rock-Songs, die in die Top Ten gelangten, nur wenige Male pro Woche. Und den einzig wirklich heißen Sender Radio Luxemburg konnte man in England, wenn überhaupt, nur in schlechter Qualität empfangen.

Da das Rock 'n' Roll-Fieber aber immer stärker grassierte, ließ sich das Fernsehen schließlich zu zwei harmlosen Rock-Shows herab. Die bravere Sendung war »6.5 Special«, später kam »Oh Boy!« dazu, die zumindest ein wenig von der Aufregung der Musik herüberbrachte. Allerdings traten in beiden Shows nur selten amerikanische Künstler auf, meist bestritten britische Kopien das Programm. Pat Boone gehörte zu den Verwässerern des Rock 'n' Roll, in England folgten später Cliff Richard und Billy Fury. Der erste amerikanische Rock 'n' Roller, der in England auftrat, war Buddy Holly.

Rock 'n' Roll war eine weiße Abwandlung des Blues, und Joe fand schnell heraus, wo die wahren Wurzeln dieser Musik lagen; er kaufte sich ein paar Blues-Scheiben, darunter einige von Big Bill Broonzy. Dieser 1893 geborene Musiker zählte zu den ersten Schwarzen, die überhaupt Schallplattenaufnahmen machten. Er war ungewöhnlich selbstbewußt und setzte sich in diesem von Weißen beherrschten Geschäft durch. Er verband die folkloristische Blues-Tradition mit städtischen, modernen Elementen, schrieb eine Unzahl Klassiker (wie den im Rock 'n' Roll gern gecoverten Titel »Milk Cow Blues«) und auch sozialkritische Songs wie »Black, Brown And White«. 1951 kam er zum ersten Mal nach Europa, wo ihn besonders die britische Musikszene interessierte. Big Bill Broonzy gab auch ein Konzert in Sheffield, und einer seiner Titel war das erste, was Phil und Joe gemeinsam auf einer Tonbandmaschine aufnahmen. Aber auch Songs von Elvis und Carl Perkins gehörten bald zu Joes festem Repertoire – seine eigenen Elvis-Imitationen nahm er ebenfalls auf Band auf. »Er hat die Musik förmlich verschlungen«, erinnert sich Phil. »Nachdem Joe einmal diese Musik gehört hatte, war er von ihr besessen. Er wirkte, als hätte ihn irgend etwas gefangengenommen. Es war alles so neu damals, richtig kostbar.«

Joe sah Buddy Holly live – »Er hat mich nicht beeindruckt« – und Jerry Lee Lewis: »Der hat mich wirklich umgeworfen!« Kein Wunder, tobte der ›Killer‹ auf der Bühne doch meist wie ein Berserker, hieb mit den Füßen auf die Tasten und warf seine blonden Locken wild aus der verschwitzten Stirn. Auch Gene Vincent hinterließ mit »Be-Bop-A-Lula« einen nachhaltigen Eindruck bei Joe. Doch den größten Einfluß auf Joe und seine Art zu singen hatte ein blinder schwarzer Pianist namens Ray Charles. Als dessen »What I'd Say« zum erstenmal durch Joes kleines tragbares Transistorradio drang, war es um Joe geschehen. »Mir wurde klar, daß Ray Charles *es* hatte, daß zum Rock 'n' Roll ein wenig mehr gehörte als ›smash‹ und ›bang‹.« Er hörte nichts anderes mehr, bis Ray Charles' Musik ein Teil von ihm und seiner Art zu singen wurde. Ray Charles beeinflußte nicht nur Joe Cocker sehr stark, sondern auch unzählige andere Musiker jener Zeit. Er spielte eine »Mischung aus Sex und Erlösung, aus Heiligem und Weltlichem, dem Jubel der Gospelsongs und der Bodenständigkeit des Blues«, charakterisierte Arnold Shaw. Ray Charles verband Soul mit Blues und war mit Big Band-Begleitung genauso gut wie alleine am Klavier.

THE CAVALIERS

Nachdem Joe und Phil eine Weile mit dem Bandgerät herumexperimentiert hatten, beschlossen sie, Ernst zu machen und eine richtige Band zu gründen. Mit zwei weiteren Mitgliedern, John Mitchell und Bob Everson, gründeten sie die Cavaliers. John war ein Nachbar von Joe und hatte im Zuge der Skiffle-Welle ein Banjo von seinem Vater geschenkt bekommen, das er nun gegen eine Gitarre tauschte; Bob kannte Joe aus der Schule und hatte jahrelang den gleichen Heimweg gehabt. Er spielte Baß. Da zu einer kompletten Band nur noch ein Schlagzeuger fehlte, nahm Joe sich ohne zu zögern dieser Aufgabe an. Er kaufte sich die nötigste Grundausstattung, Snare-Drum und Becken, und legte los. Nebenbei war er noch der Sänger der Band. Mit Unterstützung der Eltern kamen zwei Verstärker dazu, und von nun an wurde das Wohnzimmer der Cockers als Übungsraum mißbraucht. »Ein Wunder, daß unsere Nachbarn sich niemals beschwert haben«, wie Joe heute meint. Auch seine Eltern blieben gelassen. Harold Cocker nahm die musikalische Belästigung nicht weiter tragisch und ging einfach in den Garten, wenn es ihm zuviel wurde, und Mutter Madge bereitete sogar Tee für die Jungs.

Den ersten Auftritt bekamen die Cavaliers im Jugendclub in Crookes. Doch statt Geld zu kassieren, mußte die Gruppe sogar Eintritt zahlen, sonst hätte man sie gar nicht hereingelassen. Das Programm der Band bestand aus Songs von Chuck Berry, Bo Diddley und Eddie Cochran. Phil, der die Leadgitarre spielte, war der Star des Abends, denn er spielte eindeutig am besten von allen.

Kaum hatten die vier ein paar weitere Auftritte hinter sich, versuchten sie bereits, die Sache professionell anzugehen: Sie suchten sich einen Manager. Ein Kollege von Bob schien der richtige Mann dafür zu sein. Er konnte nachts den Firmenbus benutzen und ihre Ausrüstung transportieren, und sein Vater besorgte die Konzertplanung für die Arbeiterclubs. Der vier Jahre ältere Ray Capewell willigte ein, die ersten Visitenkarten wurden gedruckt. Die Cavaliers machten ihrem Namen alle Ehre und traten normalerweise mit Smokingfliegen auf. »Georgia On My Mind« war zu der Zeit der einzige Ray-Charles-Titel, den sie im Programm hatten.

Noch eine weitere Veränderung stand auf dem Plan. Verständlicherweise hatte Joe Schwierigkeiten, wie ein Wilder auf seine Trommeln zu schlagen und gleichzeitig beim Singen nicht außer Atem zu geraten. Die Band entschloß sich deswegen, einen Sänger zu engagieren. Für kurze Zeit gab also ein gutaussehender Bursche, an dessen Namen sich heute keiner mehr erinnert, ein Gastspiel bei den Cavaliers, doch da alle sich rasch einig waren, daß er nicht singen konnte, war dieses Kapitel schnell wieder beendet. Und Joe sang weiter.

1960 stieg Manager Ray unfreiwillig aus. Er hatte einen schweren Verkehrsunfall, bei dem er sich beide Beine brach. Die Gruppe besuchte ihn oft. Um ihn aufzumuntern, stürmten die jungen Musiker an Rays 21. Geburtstag mit ihrer kompletten Ausrüstung seine kleine Wohnung und fetzten los. »Es war eine Nacht, die ich nie vergessen werde«, erzählt Joe.

Im selben Jahr verließ Joe die Schule – zumindest offiziell. Hingegangen war er schon lange nicht mehr, denn die Hoch- und Tiefbaukurse, die auf dem Stundenplan standen, interessierten ihn nicht die Bohne. Nach einem Busfahrerstreik erschien er einfach nicht mehr und flog schließlich raus.

Mit sechzehn Jahren trat er im Sommer 1960 seine erste Arbeitsstelle an. Bei der »East Midlands Gas Board« begann er eine Ausbildung zum Gasinstallateur, die ihn ungefähr genauso brennend interessierte wie zuvor der Hoch- und Tiefbau. Er reparierte Herde und installierte Gaslampen, arbeitete im Lager und besuchte einmal in der Woche die Berufsschule.

Das einzig Gute an dem Job war, daß Joe einen anderen gleichaltrigen Lehrling kennenlernte: Pete Jackson, der direkt neben dem Musikclub »Fleur De Lys« wohnte.

Pete war ein Musikfan, wenn er auch selbst kein Instrument spielte, und sie besuchten gemeinsam die Clubs in der Umgebung. Sie machten zur gleichen Zeit ihren Abschluß an der Berufsschule und fuhren in der Zeit darauf stets zusammen zu den Kunden. Sehr intensiv arbeiteten sie allerdings nicht, oft verbrachten sie den ganzen Nachmittag im Pub.

Während seiner Zeit mit den Cavaliers lernte Joe auch seine erste wirklich feste Freundin kennen: die Sekretärin Eileen Webster. Eileen war hübsch, lebenslustig und dachte gar nicht daran, sich nur auf einen Jungen zu beschränken. Joe litt ziemlich darunter, daß er lange Zeit nicht der einzige für sie war. So chaotisch ihre Beziehung begann, so verrückt sollte sie sich auch weiterentwickeln. Eileen begleitete Joe durch fast seine ganze Karriere in den sechziger und siebziger Jahren: Sie stürzte mit ihm in die Abgründe der Sucht, trampte mit ihm völlig mittellos durch England und genoß seine Erfolge. So unstet wie er selbst, verschwand sie aber auch immer wieder einmal urplötzlich, um ebenso plötzlich wieder aufzutauchen und das gewohnte Leben fortzusetzen.

Als Joe sie kennenlernte, lebte Eileen noch bei ihren Eltern in Crookes und ging dem bürgerlichen Beruf der Sekretärin nach. Sie war Mitglied im Jugendclub von Wesley Hall und traf Joe zum ersten Mal, als er mit den Cavaliers dort spielte. Sie sahen sich wieder, doch da Eileen einen festen Freund hatte, dauerte es eine ganze Zeit, bis sie und Joe sich wirklich näherkamen. Und auch dann sah Eileen noch keinen Grund, jetzt alle anderen Männer aus ihrer Umgebung zu verbannen. Das führte oft zu heftigen Streitereien, doch Joe war viel zu sehr in sie verliebt, um sie aufzugeben. Sie gab ihm Kraft, denn sie bestärkte Joe immer wieder darin, seine Musikerkarriere weiter zu verfolgen.

THE AVENGERS

1961 ließ Joe die Cavaliers fallen und gründete eine neue Band, Vance Arnold and the Avengers. Er selbst nannte sich Vance Arnold, weil er fand, daß der Name so schön amerikanisch klang. Ihren ersten Auftritt hatten die Avengers im Sheffielder Minerva-Club, wo sie gleich fest, einmal in der Woche, engagiert wurden. Bei den Auftritten ging es immer hoch her, die Zuhörer hielten es anscheinend für normal, sich ein bißchen zu prügeln und Gläser und Flaschen zu zertrümmern. Joe und seine Band fanden das unheimlich aufregend, auch wenn Phil einmal nur mit einem blauen Auge davonkam. Viel verdienten sie bei diesen Auftritten allerdings nicht, der größte Teil der Gage ging für die Fahrtkosten drauf.

Als nächstes ergatterten die Avengers ein festes Engagement im »Fleur de Lys«, dem heißesten Club von Sheffield, und ihr erster Auftritt wurde sogar in der Zeitung angekündigt. Hier konnte Joe mehr seinem eigenen Stil frönen und nahm gleich mehrere Titel von Ray Charles, Bo Diddley und Chuck Berry ins Programm.

Je mehr sich Joe bei seinen Lieblingsnummern beim Gesang verausgabte, desto schwerer fiel es ihm, dabei auch noch Schlagzeug zu spielen. Diesmal verschwendete die Band aber keinen Gedanken daran, einen neuen Sänger in die Band zu holen, sondern engagierte statt dessen den Schlagzeuger Steve McKenna. Joe stellte sich vor die Band und begann, nach anfänglicher Scheu, Spaß daran zu finden, das Publikum zu unterhalten. Allmählich bildeten sich sein ungewöhnlicher Gesangsstil und seine unnachahmliche Art, sich auf der Bühne zu bewegen, heraus. Er zuckte und wand sich, als ob er unter Strom stand. Oft spielte er eine imaginäre Gitarfre; die richtige lernte er trotz intensiver Anleitung durch Phil Crookes nie richtig zu spielen. »Vielleicht verkrampft sich mein Körper deshalb irgendwie«, analysierte Joe später, »weil ich eigentlich eine Gitarre zum Festhalten bräuchte.« Die Avengers kleideten sich ganz seriös in Anzug und Fliege und traten außer in den In-Pubs auch in Arbeiterclubs auf.

Dann verlor Joe eines Abends auf der Bühne plötzlich die Stimme. Völlig am Boden zerstört, verließ er sofort die Band, doch die konnte keinen Ersatz finden und bat ihn schon wenig später zurückzukommen. Bei einem ihrer Auftritte sprach ihn ein junger Mann an, der Technikerlehrling Bill Carr, ein Bluesbegeisterter, mit dem Joe sich so richtig in seine Musikleidenschaft hineinsteigern konnte. Bill sammelte Schallplatten und hatte gute Verbindungen zu einem LP-Versand in Norwegen.

Im September 1962 wurde ein weiterer Club in Sheffield eröffnet: der »Esquire«. Sofort stand Joe auf der Matte, um einen Auftritt zu bekommen. Inhaber Terry Thornton erinnert sich: »Der ist nie und nimmer Sänger, dachte ich. Er sah ganz anders aus als die Rock 'n' Roller, die ich bis dahin kennengelernt hatte. Er war so ein schüchterner, freundlicher Kerl.«

Joe bekam das Engagement und spielte auch im »Esquire« bald jede Woche.

1963 kamen einige Gruppen nach Sheffield, die Joes Interesse weckten. Im Februar gaben die Beatles ihr erstes Konzert in der Stadt, und Joe war beeindruckt, »wie gut sie zusammenspielten, so als wären sie bereits seit Jahren zusammen.« Kurz darauf erregte Graham Bond mit seinem Trio, bestehend aus ihm, Ginger Baker und Jack Bruce, die später mit Eric Clapton Cream gründen sollten, Joes Aufmerksamkeit, und der junge Musiker begann, sich mit Jazz und Soul zu beschäftigen. Als absoluten Höhepunkt empfand er aber den Auftritt von Ray Charles in Manchester, den er sich gemeinsam mit Bill Carr ansah.

Joe bemühte sich immer mehr, aus den Arbeiterclubs, in denen die Avengers immer noch oft spielten, herauszukommen. Er fand, daß er zu viele Zugeständnisse an den kommerziellen Musikgeschmack der Arbeiter machen mußte. Ständig riefen die Leute dazwischen: »Spielt doch mal was Bekanntes!« Mit den festen Engagements beim »Esquire« und einigen anderen Pubs im Rücken, sah Joe sich verstärkt nach professionellen Auftrittsmöglichkeiten um.

Die engagiertesten Veranstalter in Sheffield waren die Brüder Pete und Geoff Stringfellow, damals 21 und 19 Jahre alt und heute stolze Besitzer der beiden wichtigsten Diskos in London, dem »Hippodrome« und »Stringfellows«. 1963 managten sie zwei Clubs in Sheffield und veranstalteten nebenher Konzerte. Sie hatten die Beatles zum ersten Mal in die Stadt gebracht und veranstalteten später im Jahr Talentwettbewerbe, zu denen sie auch die Manager und Produzenten von Plattenfirmen einluden. Durch sie spielten die Avengers zum ersten Mal in einer Halle vor dreitausend Leuten. Bereits einen Monat später holten die Stringfellows die Rolling Stones nach Sheffield, die mit dem Beatles-Titel »I Wanna Be Your Man« soeben ihren ersten Hit gelandet hatten. Wayne Fontana and the Mindbenders und Joe traten als Vorgruppen auf. Die Presse war begeistert: »Als Showtalent mit Stil hat Vance Arnold ohne Frage eine ganz große Karriere vor sich. Er hat gezeigt, daß er einer der Top-Rhythm-and-Blues-Sänger dieses Landes ist.«

Mitte 1963 fand die erste Umbesetzung innerhalb der Band statt. Bei einem Gastspiel mit den Falcons, deren Sänger öfter Terminschwierigkeiten hatte, traf Joe einen alten Kumpel aus Schultagen wieder: den Tischlerlehrling Dave Memmott, mit dem er in seiner Zeit am Sheffield Technical College des öfteren die Schule geschwänzt hatte. Dave trommelte bei den Falcons, und Joe stellte schnell fest, daß er besser war als Steve McKenna, der Drummer der Avengers. So sorgte er dafür, daß Steve die Band verließ und Dave bei ihnen einsteigen konnte.

Ende 1963 mußten Vance Arnold and the Avengers ihr Talent zum ersten Mal vor professionellen Zuhörern beweisen. Die Gruppe hatte in Cockers Wohnzimmer das erste Demotape aufgenommen, und die Plattenfirma Decca hatte sie daraufhin zu einem Vorspieltermin in einen Club nach Manchester gebeten. Die Atmosphäre war kühl. Joe, der volle Clubs gewohnt war, tat sich schwer, vor lediglich zwei sachlichen Zuhörern richtig in Fahrt zu kommen. Die Band spielte vier Titel und erhielt eine zweite Chance. Dick Rowe, künstlerischer Manager von Decca, bat die Avengers für Probeaufnahmen nach London. Noch nie zuvor war die Gruppe so weit von Sheffield weggekommen. »Es kam mir vor wie eine Reise in ein anderes Land«, erinnert sich Joe.

Im Aufnahmestudio fühlten sie sich kaum wohler als zuvor in dem leeren Club. Der Funke sprang nicht über, die Band blieb gehemmt und unsicher. Vier Titel wurden aufgenommen, darunter Ray Charles' »Georgia On My Mind«. Kurze Zeit später kam der Bescheid: Die Band – nein, Joe – ja.

Joe war damals neunzehn Jahre alt. Er sah eine glänzende Zukunft vor sich und willigte begeistert ein. Schon im April 1964 folgte auf den

Plattenvertrag ein Managementvertrag. Etwa zur gleichen Zeit durften die Avengers für die Hollies und später für den Bluesmann Sonny Boy Williamson die Show eröffnen. Auf einmal schienen sich für Joe alle Träume zu erfüllen...

AM RANDE DES RUHMS

Martin Yale, der Entdecker von Dave Berry, dem einzigen Musiker, der bisher von Sheffield aus die Konzerthallen Englands erobert hatte, wurde nun Joes Manager. Auch Terry Thornton, der Besitzer des »Esquire«-Clubs, hatte anfangs großes Interesse, diese Aufgabe zu übernehmen, machte aber schließlich einen Rückzieher, da er fürchtete, dann nicht mehr genug Zeit für seinen Club zu haben. Yale sollte Joe von nun an bei allen öffentlichen Auftritten repräsentieren, ebenso bei seinen Plattenaufnahmen in den nächsten fünf Jahren. Dafür würde er zehn Prozent Provision kassieren, die auf zwölf Prozent anstiegen, sobald die wöchentlichen Einnahmen mehr als 25 Pfund betrugen.

Im Juni 1964 ging Joe zu seinem ersten professionellen Aufnahmen ins Studio. »Georgia On My Mind«, einer seiner absoluten Lieblingstitel, sollte die erste Single werden. Vor einem 22-Mann-Orchtester röhrte Joe sich die Seele aus dem Leib. Dennoch kam es nie zur Veröffentlichung – die Aufnahme war nicht kommerziell genug, entschied die Plattenfirma und unternahm einen zweiten Versuch.

Auf wen die Wahl des Songs »I'll Cry Instead« von Lennon/McCartney zurückzuführen ist, läßt sich heute nicht mehr sagen. Zugegebenermaßen hatte Joe trotz seiner Bluesbegeisterung schon immer eine große Affinität zu den lockeren Pilzköpfen und ihren fröhlichen Songs – zumal die Texte bei genauerem Hinhören gar nicht mehr so fröhlich waren. Das traf auch auf »I'll Cry Instead« zu, einen eigentlich sehr traurigen und deprimierenden Song, in dem ein Junge seine Schüchternheit anderen Menschen und speziell Mädchen gegenüber beschreibt (»I can't talk to people that I meet«) und schließlich in seine Traumwelt flüchtet («If I could have my way, I'd get myself locked up today, but I can't, so I'll cry instead«). In späteren Jahren sollte Joe noch eine ganze Reihe anderer Beatles-Songs covern.

Es kann auch eine Entscheidung des künstlerischen Direktors bei Decca, des A&R-Mannes Dick Rowe, gewesen sein. Noch bevor die Beatles ihren Vertrag bei EMI bekamen, spielten sie nämlich auch Dick Rowe von der Decca ihre Songs vor. Er lehnte ab: Für Gitarrengruppen sah er keine Zukunft. Eine Entscheidung, die er später sehr bereut haben dürfte. Nun hatte er die Bluesröhre Cocker unter Vertrag genommen und vielleicht beschlossen, auf diese Art wenigstens ein Stück vom großen Kuchen der Beatles-Erfolge abzubekommen.

Wie auch immer, am 28. Juli 1964 nahm Joe »I'll Cry Instead« auf. Während man heute oft tage- oder sogar wochenlang an den Songs feilt, war das Stück damals in drei Stunden im Kasten. Die Gitarre spielte ein junger Mann, der nur wenige Jahre später zu den Supergruppen des Rock zählen sollte: Jimmy Page, der mit Led Zeppelin in die Rockgeschichte einging. Auf die B-Seite kam der Titel »Precious Words« von den Wallace Brothers.

Obwohl Joe noch als Vance Arnold unter Vertrag genommen worden war, legte er das Pseudonym nun ab. Die Platte erschien unter dem Namen Joe Cocker.

Zwei Wochen zuvor hatte Joe sich entschlossen, das bürgerliche Leben ein für allemal aufzugeben und den Job als Gasinstallateur, den er trotz der ganzen Hektik immer noch ausgeübt hatte, an den Nagel zu hängen.

Jetzt stand zum ersten Mal eine richtige landesweite Tournee an, und Joe sah den Sprung ins Big Business zum Greifen nahe. Für ihn, der seit vier Jahren mehrere Male in der Woche in sämtlichen Clubs in und um Sheffield auftrat, war dies die erste Gelegenheit, einmal vor einem breiteren Publikum zu spielen.

Manfred Mann, der mit seichten Tralala-Nummern wie »5-4-3-2-1« (Jan. 64), »Hubble Bubble Toil And Trouble« (April 64) und vor allem dem Nr. 1-Titel »Do Wah Diddy Diddy« (Juli 64) einige Hits zu verzeichnen hatte, die Liverpooler Gruppe Merseybeats, deren Poptitel »I Think

Of You« im Januar 1964 ein größerer Hit war, und die sechzehnjährige Little Eva, die mit »Locomotion« im September 1962 abgeräumt hatte, anschließend aber nicht mehr viel zu melden hatte, sollten sieben Wochen durch ganz Großbritannien reisen. Joe, der immer bluesiger geworden war und sogar das Mundharmonikaspiel gelernt hatte, paßte eigentlich gar nicht zu diesem poppigen Programm.

Mit den vielen Veränderungen in Joes Leben ging auch eine Umbesetzung der Band einher: Graham Bower und sein alter Freund Bob Everson wurden durch Dave Hopper an der Leadgitarre ersetzt, und Dave Memmott stieg als Schlagzeuger ein. Der neue Bassist hieß Dave Green. Zu dieser Zeit kam Joe zum ersten Mal der Gedanke, daß sie ein Klavier bräuchten. Spontan engagierte er den achtzehnjährigen Vernon Nash, der in der Bar neben dem »Esquire« klimperte und noch nie zuvor in einer Band gespielt hatte. Auch die Band bekam einen neuen Namen verpaßt: Joe Cocker's Big Blues.

Am 4. September 1964 erschien »I'll Cry Instead«, wurde ein paarmal im Radio gespielt – und schnell wieder vergessen.

Die Großbritannien-Tour, die einige Tage später begann, verlief noch schlimmer. Manfred Mann und seine Band, die groß angekündigten Headliner, tauchten nie auf, ebenso wie Little Eva. Übrig blieben die Merseybeats, die dann gezwungenermaßen als Headliner aufspielen mußten und denen eine Reihe unbekannter Gruppen zugestellt wurde. Die groß angekündigte Tournee mußte bereits nach fünf Tagen abgebrochen werden, da selten mehr als eine Handvoll Leute zu den Konzerten erschien. Von ihren Gagen sahen die Musiker überhaupt nichts.

Mit einer Menge Gigs in der Umgebung von Sheffield versuchten sie, den Ausfall wettzumachen, und Manager Martin Yale bemühte sich verstärkt, seine Gruppe auch in einem etwas größeren Umkreis an den Mann zu bringen. Egal, wie weit sie fuhren und wie lange sie spielten, nach jedem Gig ging es grundsätzlich nach Hause. Dave Memmott war der Unglückliche, der sich fast jede Nacht hinters Steuer setzen durfte.

Im Oktober hatte Joe seinen ersten Fernsehauftritt in der ITV-Show »Stars and Garters«. Eigentlich handelte es sich dabei aber um eine Schlagershow, in der Joe, der immer noch kompromißlos den Blues spielte, jedoch den Bluestitel »Shame Shame Shame« von Jimmy Reed vortrug. Leider mußte er zum Playback singen, da die Band zwar extra vier Tage vorher nach London gekommen war, um sich auf den Auftritt vorzubereiten, dann aber mehr das Nachtleben genossen und die Pubs durchprobiert hatte, als zu üben...

Am Rande des Ruhms, auf dem Sprung zum Erfolg, beschrieb Joe seine Einstellung folgendermaßen: »Wir wollen nicht unbedingt groß werden. Wir möchten eine Band sein, auf die wir stolz sein können, mit einem Sound, mit dem wir arbeiten können.« Zumindest in der Umgebung von Sheffield hatte Joe damit keine Probleme. Seine Fans reisten ihm hinterher, überall standen die gleichen Gesichter/Leute in der ersten Reihe. Oft hatten sie sich lange vorher angestellt, denn die Clubs waren meist brechend voll. Obwohl die Band mittlerweile einen Manager hatte, war es immer noch Joe, der sich nach den Konzerten um das Geld kümmern mußte. Meist sammelte er sämtliche Einnahmen der Woche, und am Freitag war Zahltag. Bei Fish and Chips verteilte er das Geld dann gleichmäßig unter den Musikern.

Joes Stammkneipe war das »Stone House«. Hier trafen sich sämtliche Musiker der Gegend, hier konnte man Gedanken, Ideen, Tips und Adressen austauschen, hier fanden ausgestiegene Musiker eine neue Band und Bands neue Mitglieder oder Ersatzleute, die für einen Gig einsprangen. »Man kann sich unmöglich an den Joe Cocker der frühen Jahre erinnern, ohne gleichzeitig an große Mengen Alkohol zu denken«, fand Vernon Nash. An vielen Tagen fing Joe bereis morgens an zu trinken, sofort nachdem die Pubs um 11.30 Uhr geöffnet hatten, und hatte bis zum Abend, bevor der Gig losging, leicht dreizehn bis vierzehn Biere in sich hineingeschüttet. Es gehörte zum festen Bühnenritual, auch während des Auftritts die trockene Kehle mit Bier anzufeuchten. Terry Thornton, der Besitzer des »Esquire«-Clubs, erinnert sich daran, daß Joe und seine Band meist mit ein bis zwei Stunden Verspätung anrückten und Joe oft genug auf die Bühne taumelte. »Aber man konnte ihm wirklich nicht böse sein, er war so ein lieber Kerl.«

Das ereignisreiche und eigentlich vielversprechende, aber trotzdem erfolglose Jahr beschlossen Joe und seine Big Blues mit einer Session im »Esquire«. Das neue Jahr begann, als wäre in der Zwischenzeit nichts geschehen. Joe war immer noch nur ein Lokalmatador, ein Held in und um Sheffield – doch sonst nichts.

ERSTE BERÜHRUNG MIT AMERIKA

Das neue Jahr begann frustrierend, denn Decca wollte den Vertrag mit der Band nicht verlängern. Eine zweite Single war zwar noch diskutiert worden, mehr aber auch nicht. Zu Aufnahmen kam es nie.

Außerdem konnte Joe keine Gigs auftreiben, und Martin Yale ging es ähnlich. Ich muß die Band auflösen! überlegte Joe, denn keiner von ihnen konnte in der momentanen Situation von der Musik leben. Der »Esquire«-Besitzer Terry Thornton hievte die Band schließlich mit einem sehr ungewöhnlichen Job aus ihrem Tief: Für eine sechswöchige Tour durch die amerikanischen Air-Force-Stützpunkte in Frankreich wurde eine Band gesucht. Joe sagte ohne zu zögern zu und überraschte die Band mit dieser Mitteilung völlig, denn bereits am nächsten Morgen ging es los.

Sie fuhren den ganzen Tag und erreichten am Abend Dover. Die Nacht verbrachten sie frierend in ihrem Bus, denn die nächste Fähre fuhr erst am Morgen. In Calais weigerten sich die Zöllner dann jedoch, die Band einreisen zu lassen – zumindest ohne eine gehörige Kaution. Völlig frustriert mußten die fünf umkehren und eine weitere kalte Nacht in ihrem Bus verbringen. Am nächsten Morgen nahmen sie dann kurzerhand den Weg über Belgien, gingen in Oostende von Bord und fuhren auf dem Landweg nach Frankreich, wo der zuständige Zöllner die Sache lockerer sah. So erreichten sie Orléans und den dortigen Luftwaffenstützpunkt.

Die Amerikaner, dem heimischen Blues gegenüber viel aufgeschlossener als die Engländer, waren von Joe Cocker's Big Blue begeistert. Sie spendierten der Band Drinks und luden sie zum Essen ein, und Joe erweiterte sein ›alkoholisches Wissen‹. Den ersten Bourbon, ein volles Glas, kippte er in einem Zug herunter – und kippte anschließend selbst um. »Keine Show heute abend!«

Die fünf weltunerfahrenen Jungs machten eine Menge neuer Erfahrungen. Zu ihren Gigs kamen nicht nur die weißen, sondern bald auch die schwarzen GIs. Zu der Zeit gab es noch eine strikte Rassentrennung, die Soldaten standen also immer in nach Hautfarben getrennten Gruppen zusammen. Es gab viele Schlägereien, auch wegen der vielen Prostituierten.

Es war ein neues, aufregend-ungewohntes Leben, das allerdings einen Nachteil hatte: von dem Typ, der sie für diesen Gig angeheuert hatte, fehlte jede Spur und jedes Geld. Die Band schlief immer noch im eiskalten Bus und ließ sich von den Soldaten durchfüttern. Nur ein einziges

Mal trafen sie den Veranstalter, der hundert Kilometer von Orléans entfernt wohnte, persönlich. Nach ein paar Wochen wechselten sie den Standort und zogen zu einem größeren Armee-Stützpunkt. Dort erwartete sie gleich das nächste Problem: Der Kommandant verlangte eine Sängerin, ›da standen seine Jungs drauf‹, ansonsten wollte er die Band nicht auf die Bühne lassen. In einer Blitzaktion rief Joe Terry Thornton in Sheffield zu Hilfe, und tatsächlich brachte der szeneerfahrene Terry es binnen kürzester Zeit fertig, ihnen eine Sängerin hinterherzuschicken. Sie war ein Sheffielder Original, hieß eigentlich Marie Woodhouse, nannte sich aber Billy Rae und war zuvor hauptsächlich in Arbeiterclubs aufgetreten. Dort hatte sie natürlich ein völlig anderes Repertoire gesungen, als Joe und seine Truppe es auf Lager hatten, aber die sechs arrangierten sich problemlos miteinander. Marie war ein unkomplizierter, äußerst humorvoller und schlagfertiger Mensch; die Show, die sie auf der Bühne brachte, warf die stärksten Amerikaner um.

Auf dem amerikanischen Stützpunkt kam Joe übrigens zum ersten Mal mit einer anderen Art von Droge als Alkohol in Berührung: Haschisch. Hier rauchte er seinen ersten Joint.

Mit Marie als Augenweide und Attraktion begann dann die eigentliche Tour. Jede Woche spielte die Band auf einem anderen Stützpunkt von sieben Uhr abends bis ein Uhr nachts mit viertelstündigen Pausen. Oft stiegen die Soldaten spontan mit ein, und auf der Bühne gingen richtige Jam-Sessions ab, die Dave Hopper mit wilden Gitarren-Soli ausbaute. Es war eine verrückte, wilde Zeit.

Das finanzielle Problem hatte sich allerdings immer noch nicht gelöst. Als ihnen ein Nachtclubbesitzer freie Kost und Logis anbot, wenn sie nach ihrem Kasernenauftritt bei ihm weiterspielten, schlug die Band deshalb sofort ein. Und so ging es von nun an im Club jede Nacht noch bis fünf Uhr morgens weiter – wohin ihnen übrigens nicht selten die begeisterten GIs folgten. Joe hatte die meisten von ihnen restlos überzeugt. Wenn er in einem anderen Militärstützpunkt spielte, tauchten seine Anhänger auch da oft genug auf.

Freie Kost bedeutete auch freies Trinken. Die Band war begeistert und machte von dem Angebot sehr ausgiebig Gebrauch. Und so kam es mehrere Male vor, daß einer von der Band kurzfristig die Bühne verließ, weil ihm schlecht war. Den Vogel schoß aber eines Nachts Joe ab, als er mitten in einem Song auf einmal auf der Bühne bewußtlos umkippte. Tequila, Wein, Bier – er trank alles, Hauptsache es hatte Alkohol.

Nach zwei Monaten hatte die wilde Zeit, die alle, trotz der großen Schwierigkeiten, als eine großartige Erfahrung betrachteten, ein Ende. Und endlich bekam die Band auch ihr Geld. Für Joe war diese Tournee eine der wichtigsten Erfahrungen seines Lebens, hatten ihm doch Menschen Respekt gezollt, die alles über den Blues wissen mußten: schwarze Amerikaner. Die Diskussionen über Musik und Musiker, das gemeinsame Plattenhören und Jammen waren Bereicherungen, die sich in Joes ganzem Selbstverständnis niederschlugen. Hatte er es bisher immer nur geahnt und gehofft, so hatte er unter den schwarzen GIs in Frankreich endlich die Bestätigung bekommen: Er hatte den Blues, und er konnte ihn singen.

EIN SCHRITT VOR – ZWEI SCHRITTE ZURÜCK

Zurück in Sheffield, half ihm das neue Selbstbewußtsein freilich wenig. Nach einer so langen Pause fehlten schlicht und einfach die Jobs. Einmal in der Woche auftreten – davon konnte man nicht leben. Bassist Dave Green stieg aus, Joe war sauer. »Wenn das deine Einstellung ist, dann brauche ich dich nicht!« schimpfte er. Als Ersatz stieg John Fleet ein, der immerhin einige Pub-Erfahrung aufzuweisen hatte. Als nächster seilte sich Manager Martin Yale ab, er schaffte es nicht mehr, die dringend nötigen Auftritte zusammenzubekommen. Als Dave Memmott dann auch noch die Raten für den Bus, mit dem sie ihre Ausrüstung vom einen zum anderen Auftrittsort gefahren hatten, nicht mehr bezahlen konnte und den Ford-Thames verkaufen mußte, war die Band vollends erledigt.

Joe trat die Flucht nach vorne an. Anfang 1966 fuhr er mit dem festen Vorsatz nach London, in der Metropole Kontakte zu knüpfen und den großen Durchbruch zu schaffen. Doch schon nach einer Woche war er wieder zurück. In der großen Stadt, in der er kaum jemanden kannte, war er so verschüchtert gewesen, daß er sich nicht getraut hatte, irgendeinen der Musiker anzusprechen.

Zu Hause in Sheffield hing er völlig frustriert herum. Er nahm keinen Teilzeit-Job an, denn er war besessen davon, es als Musiker zu schaffen. Er wollte kein Geld, er wollte nicht in die Gasfirma zurück, er wollte ein Sänger sein und es schaffen!

Die Not zwang ihn aber schließlich doch dazu, sich sein Geld anderweitig zu verdienen. Im Lagerhaus des Buchgroßhandels und Pressevertriebs W. H. Smith lud er Zeitungen auf und ab, oft nachts, zischte seine acht bis neun Bierchen, bevor er zur Arbeit ging, und hielt diese Tretmühle doch fast ein Jahr lang aus. Diese Zeit empfand er als puren Alptraum. Für jemanden, der es gewöhnt war, abends auf einer Bühne zu stehen, sich die Seele aus dem Leib zu singen und absolute Erfüllung dabei zu finden, war es kaum auszuhalten, statt dessen in einem häßlichen Lagerhaus zu stehen und Papier durch die Gegend zu schleppen. Ein halbes Jahr lang sang Joe auf keinem einzigen Konzert. Er ging in den Pub, er führte seine Freundin Eileen aus, machte seinen Führerschein und lebte nach außen hin ein völlig bürgerliches Leben.

Aber in ihm gärte es. Joe konnte dieses Schicksal nicht akzeptieren, die Aussicht, vielleicht bis ans Lebensende so weitermachen zu müssen, gab ihm schließlich die Kraft, einen erneuten Anlauf zu wagen.

»Ich fühlte noch immer, daß ich es schaffen konnte, vom Singen zu leben. Ich war einfach überzeugt davon, daß dies mein Leben war. Ich glaube, ich kenne den Grund, warum ich viele der Jungs überlebt habe: Sie waren nicht so überzeugt wie ich.«

Im Herbst 1966 gab es endlich wieder ein musikalisches Lebenszeichen von Joe Cocker: Er hatte einen Auftritt in der Universität. Dave Hopper spielte mit, und auch Vernon Nash war dabei. An Drums und Baß sprangen zwei Kumpels aus Joes Stammkneipe ein. »Wir legten einfach los – ohne Proben.« Joe hatte wieder Blut geleckt, aber außer ein paar privaten Proben kam nichts weiter dabei heraus – bis er Chris Stainton traf.

Chris hatte sich bereits während seiner Schulzeit einen Ruf als hervorragender Bassist erworben. Er spielte in einer Lokalband, hatte 1964 eine Single veröffentlicht und pfiff zu der Zeit ebenfalls aus dem letzten Loch. Doch Weihnachten nahte, und da war die Auftrittssituation normalerweise besser. Chris erwies sich als absolutes Musikgenie. Welches Instrument man ihm auch in die Hand drückte, er konnte es spielen, egal ob Klavier, Gitarre oder Schlagzeug. Er hatte Ideen für Arrangements und brachte den Funken Begeisterung mit, der auch Joes Enthusiasmus wieder zum Lodern brachte.

Sie gründeten The Grease. Mit dabei waren außerdem noch der alte Vernon Nash am Klavier und Big-Blues-Kumpel Dave Memmott am

Schlagzeug sowie – ganz neu – Frank Miles als Leadgitarrist. Obwohl Joe gesehen hatte, daß andere Bands wie die Yardbirds, Them oder Eric Burdon und seine Animals mit stark bluesorientiertem Material großen Erfolg hatten, begann er ein paar Konzessionen zu machen. Einige Soulnummern hielten Einzug in ihr Repertoire, und Joe trat, im Zeitalter der Hippies und der Flower-Power-Schlagworte, im bunten Hemd auf.

Mit einem Auftritt im »Mojo Club« in Sheffield im Juni 1967 meldete Joe sich in der lokalen Musikszene zurück. Der Auftritt wurde für eine Benefiz-LP mitgeschnitten. Joe spielte zwei Nummern: den Soultitel »I've Been Trying« von den Impressions und die Leiber/Stoller-Komposition »Saved«.

Mit der neuen Band ging es aufwärts. Joe war motiviert, seine Partnerschaft mit Chris produktiv und freundschaftlich. Chris hatte ein perfektes Gefühl dafür, wie man Pop und Blues verbinden konnte, ohne dabei einen Verrat an seinen Grundsätzen oder Idealen zu begehen. Joe wählte nach wie vor die Songs aus, aber Chris gab ihnen den besonderen Schliff. Die Band bekam wieder Auftrittsmöglichkeiten und feste Engagements.

Chris Stainton war ein ausgeflippter, exzentrischer Typ. Zu den Auftritten kam er meistens zu spät und manchmal auch gar nicht. Er war spontan und immer für Überraschungen gut. Als er bei The Grease anfing, arbeitete er noch als

Fernsehmechaniker, aber, ehrgeizig wie er war, spornte er den chaotischen und oft zu nachlässigen und vergnügungssüchtigen Joe zu konzentrierter Arbeit an.

Zum ersten Mal in seinem Leben versuchte Joe sich im Komponieren. Mit Chris zusammen setzte er sich hin, und sie suchten nach Melodien, die sie einander vorsangen und die Chris dann arrangierte. Auch Leadgitarrist Frank Miles versuchte, auf eigene Faust zu komponieren. Zusammen mit seinem Freund Terry Rattigan und Chris schrieb er einen Instrumentaltitel, den sie »March Of The Mysterons« nannten. Als sie ihn Joe vorspielten, hatte der einen besseren Titel dafür und einen passenden Text: »Marjorine«. Zusammen mit Chris schrieb Joe zwei weitere Titel, »Sandpaper Cadillac« und »New Age Of The Lily«, die sie auch in ihr Programm aufnahmen.

David McPhie, ein Bekannter von Joe, der in Chesterfield lebte und dort Platten auflegte, fand das neue Material beeindruckend und bot der Band an, es bei ihm aufzunehmen. Eine Chance, die Joe sich natürlich nicht entgehen lassen konnte.

DER ERSTE ERFOLG

Nur mit Chris und einem geliehenen Bandgerät fuhr Joe dann im Dezember 1967 nach Chesterfield, um die Aufnahmen zu machen. Joe sang, und der begabte Chris spielte sämtliche Instrumente.

David McPhie reichte das Band an den Radio-DJ Tony Hall weiter, von dem er wußte, daß dieser ein Faible für schwarze Musik hatte und auch Musiker wie Otis Redding in England durchgesetzt hatte. Außerdem kannte Tony die richtigen Leute in der Londoner Musikszene. Das Tape ging vom Musikverleger David Platz an den Produzenten Denny Cordell weiter, der schon Procul Harum, die Moody Blues, Georgie Fame und die Chaos-Rocker The Move, die wie die Who und die Stones durch eine wilde und gewalttätige Bühnenshow von sich reden gemacht hatten, produziert hatte.

Cordell war in den sechziger Jahren ins Musikbusiness eingestiegen, wo er zuerst für das Vermarkten von mit Beatles-Bildern bedruckten Dingen zuständig war. Darüber rutschte er in die Plattenproduktion und brachte den Moody

Blues mit »Go Now« ihren ersten Hit. Bis 1966 produzierte er alle weiteren Scheiben der Band. Denny selbst war überhaupt kein Musiker, hatte aber dennoch ein ungeheures Gefühl für die Wirkung, die manche Songs erzielten. 1966 wurde seine Produktion »Night Of Fear« für The Move einer ihrer ersten Hits, ebenso wie »Getaway« der erste Nummer-Eins-Erfolg für Georgie Fame war. Der Procul Harum-Klassiker »Whiter Shade Of Pale« geht ebenfalls auf sein Konto. Aufgrund seiner großen Erfolge stellte die Plattenfirma EMI ihm ein eigenes Label, Regal-Zonophone, zur Verfügung. Auf diesem wurden auch alle frühen Cocker-Sachen veröffentlicht.

Joes Tape von »Marjorine« erregte Denny Cordells Aufmerksamkeit, und er lud Joe und Chris nach London ein. Chris war ganz nach der neuesten Mode gekleidet: Er trug einen schrillen Anzug aus pinkfarbenem Vorhangstoff mit Pelzaufschlägen und hatte lange Haare. Joe dagegen »sah überhaupt nicht so aus, als hätte er auch nur das geringste mit der Pop-Szene zu tun«, erinnerte sich Denny Cordell später. »Er war ziemlich mollig (worunter Joe übrigens immer litt) und trug so eine Arbeitsjacke... einfach unbeschreiblich. Er sah nicht aus wie jemand, der sich nur ein bißchen bemüht hätte, dem Image zu entsprechen, das damals angesagt war. Er hätte alles mögliche sein können, ein Schlossergeselle, ein Straßenkehrer... alles mögliche. Er sah aus wie ein Penner!«

Trotz der großen Gegensätze fanden die drei schnell einen Draht zueinander, und Denny beschloß, im Gegenzug nach Sheffield zu fahren und sich die Band dort live anzusehen. »Ich war völlig von den Socken! Ich hatte eine kleine Popband erwartet, aber ich erlebte eine richtig gute Bluesband!«

Dennys Entschluß war gefaßt, diesen Kerl wollte er auf Platte! Er brachte die Grease-Band als Vorgruppe von Traffic unter, die einen Gig im Londoner In-Club »Speakeasy« hatten.

Traffic war bereits das zweite Projekt des musikalischen Wunderkindes Stevie Winwood. Mit neunzehn Jahren hatte er die erfolgreiche Spencer Davis Group verlassen, deren Klassiker »Keep On Running« er gesungen hatte, und mit Jim Capaldi, Dave Mason und Chris Wood eine eigene Formation gegründet, die eine stimmungsvolle, bluesorientierte Pop-Rock-Mischung hervorbrachte. 1967 erreichte sie mit drei Songs die Top Ten.

Kurze Zeit später unterschrieb Joe einen Plattenvertrag mit Denny Cordells »Straight Ahead Productions« und einen weiteren Vertrag mit dem Musikverlag »Essex Music«.

Nachdem Chris und Joe alleine bereits die ersten professionellen Kontakte geknüpft hatten und sowieso fast ständig zu zweit herumhingen, war die Band am Auseinanderbrechen. Die anderen fühlten sich – zu Recht – ausgeschlossen, denn Chris und Joe sprachen untereinander alles ab und konfrontierten die Band dann mit ihren Entscheidungen. Die wichtigen Dinge und auch die Plattenaufnahmen zogen sie alleine durch, nur zum Live-Spielen war ihnen die Band noch gut genug. Dave Memmott zog als erster die Konsequenzen und stieg verärgert und verletzt aus. Auch die anderen litten unter der Art, wie sie herauskatapultiert und abgefertigt wurden, nachdem sie Joe so lange auch in schlechten Zeiten die Stange gehalten hatten.

Die Aufnahme zu »Marjorine« machten Chris und Joe alleine mit ein paar Sessionmusikern. Es ist einer der wenigen Songs, bei denen Joe im anstrengenden Falsetto singt. Am 22. März 1968 wurde die Scheibe veröffentlicht. Auf der B-Seite konnte man einen Cocker/Stainton-Titel hören: »The Age Of The Lily«.

Joe wurde auf Promotiontour geschickt, um die Platte vorzustellen. Da man wußte, daß das Aussehen und die Kleidung eines Sängers jeden Song mitverkaufen, steckte man Joe in die vermeintlich ›passende‹ Ausrüstung: einen affigen Regency-Style-Anzug und ein Spitzenhemd mit großen Rüschen. Da Joe ein ziemlich pummeliger, um nicht zu sagen dicker Typ war, wirkte er darin peinlich und lächerlich und fühlte sich enorm unwohl. Er absolvierte nur einen Fernsehauftritt in dieser Staffage und ließ sich danach nie mehr so blicken. In Jeans und T-Shirt kam seine Musik schließlich genauso gut an.

Obwohl die Single sich auf Anhieb in den Charts auf Platz 48 plazieren konnte, erlebte Joe eine Enttäuschung, denn nach einer Woche fiel der Titel wieder heraus. Als Konsequenz löste er die Grease-Band zwei Tage nach der Veröffentlichung des Songs offiziell auf.

DER DURCHBRUCH ODER »WITH A LITTLE HELP FROM MY FRIENDS«

Im April 1968 unternahm Joe einen zweiten Versuch, in London Fuß zu fassen. Nach wie vor kam man um die Hauptstadt des Musikbusiness einfach nicht herum, wenn man es irgendwie schaffen wollte. Zwar gab es in der Provinz viele Auftrittsmöglichkeiten, aber das große Geschäft wurde ausschließlich in London abgewickelt. Diesmal ging Joe auch nicht alleine. Mit ihm kam natürlich Chris Stainton und ein neuer Musiker: der achtzehnjährige Tommy Eyre, der schon als Kind mit seinem Vater, einem Barpianisten, aufgetreten war. Anfangs hatte Joe Schwierigkeiten, Tommy zu überreden, denn der hatte einen einträglichen Job in einer erfolgreichen Kapelle. Doch als Joe einen Plattenvertrag vorweisen konnte, ließ sich der Junge schließlich überzeugen.

Sie zogen in eines der billigen Hotels in Sussex Gardens und sahen sich erst mal nach einem Drummer und einem Gitarristen um. Nach verschiedenen Auditions entschieden sie sich für den Waliser Tommy Reilly und für den Gitarristen Mickey Gee, beide aus der Begleitband des

Schnulzensängers Tom Jones! Die Proben begannen sofort in einem leerstehenden Kino. Man erarbeitete ein gemeinsames Programm, das aus guten, neuen Songs bestand.

Ihr Debüt gab die Band dann aber doch in Sheffield, und Tommy Eyre schwärmte: »Es war eine der schönsten Nächte meines Lebens!« Anschließend ging es gemeinsam auf Tournee, wo sich bereits die ersten Differenzen einstellten. Es war eben doch ein Unterschied, ob man für einen Schlagersänger wie Tom Jones spielte oder für einen gestandenen Bluesmann wie Joe Cokker. Nach einem kurzen Urlaub fanden Tommy Reilly und Mickey sich prompt vor die Tür gesetzt.

Joe, Chris und Tommy Eyre dagegen waren in der Zwischenzeit im Studio gewesen und hatten einen neuen Song aufgenommen: »With A Little Help From My Friends«! Abermals hatte Joe seine Affinität zu den Beatles unter Beweis gestellt. John Lennon und Paul McCartney hatten den Song für Drummer Ringo geschrieben, der diesen auf ihrem meisterhaften Kultalbum »Sergeant Pepper's Lonely Hearts Club Band« zum besten gab. Es war der letzte Song, den die Gruppe für die Platte aufnahm. In einem Wechselgesang antwortete Ringo auf Pauls und Johns hintergründige, im Duett vorgetragene Fragen. Joe machte aus dem Lied eine schmerzerfüllte, gefühlsbetonte Tragödie, in die er all seine Gefühle hineinlegte. Die Beatles-LP war am 1. Juni 1967 erschienen, und »With A Little Help From My

Friends« war einer der Songs, die am meisten gecovert wurden.

Joe kannte eine Version von einer anderen Band, und irgendwie ging ihm das Lied nicht mehr aus dem Kopf. Er wollte einen 3/4-Walzer-Takt und ein klassisches Bach-ähnliches Orgelintro. Tommy, der auch klassisches Klavier gelernt hatte, entwickelte eine Version des Songs, die sie zuerst auf ihren Konzerten ausprobierten. Mit Stevie Winwood und Jim Capaldi von Traffic versuchten sie eine erste Aufnahme, aber aus einem unerklärlichen Grund stimmten die Mischung und die Atmosphäre nicht. Obwohl sie einen ganzen Tag im Studio verbrachten, kam keine zufriedenstellende Aufnahme dabei heraus.

Sie vereinbarten einen weiteren Termin und engagierten zwei weitere Musiker für die Aufnahmen: Procul-Harum-Drummer B. J. Wilson und Jimmy Page, der vor Jahren bereits bei Joes erster Aufnahme: »I'll Cry Instead« Gitarre gespielt hatte und im nächsten Jahr mit Led Zeppelin zu Weltruhm gelangen sollte. Ausgerechnet bei der dreizehnten Aufnahme war die Nummer dann im Kasten. »Wir wußten sofort, das ist sie«, erinnert sich Joe. »Es war, als hätte Gott die Regie übernommen.«

Am 2. Oktober wurde die Scheibe veröffentlicht und machte sich sofort daran, in den Charts nach oben zu klettern. Dreizehn Wochen lang sollte sie darin bleiben, einige davon auf dem ersten Platz, den sie am 9. November erreichte. »Wenn du siehst, wie dein Name die Charts hinaufklettert, dann verändert das dein Leben«, schwärmte Joe.

Die Beatles schickten ein Glückwunschtelegramm, *»Thanks, you are far too much«,* und setzten sogar einige Anzeigen in Musikblätter, in denen sie die Platte lobten. Die Beatles selbst lernte Joe jedoch erst kennen, als die Band bereits in Auflösung begriffen war.

Joe engagierte zwei neue Musiker, um seine Band wieder komplett zu machen: den Iren Henry McCullough an der Gitarre (der einige Jahre später übrigens in Paul McCartneys Band Wings einstieg) und Kenny Slade, einen alten Freund von Tommy Eyre aus Sheffield. Im Sommer machten sie eine Tour durch die Londoner Clubszene und traten bei einem Festival mit Deep Purple, Jeff Beck, Jethro Tull und Alt-Rocker Jerry Lee Lewis auf.

Im September reiste Joe mit Denny Cordell nach Los Angeles, wo dieser sich um die Verwaltung seiner Rechte in Amerika kümmern wollte und deshalb mit A&M Records in Kontakt und Verhandlungen stand. Die Amerikaner hatten sofort einen Draht zu Joe, die geschäftlichen Verbindungen wurden durch menschliche ergänzt. Es dauerte nicht lange, bis der Vertrag perfekt war.

A&M Records war damals neben Motown die einzige große, unabhängige Plattenfirma. Der Trompeter Herb Alpert und der Promotionmann Jerry Moss hatten sie 1962 gegründet. Der Name A&M begründete sich aus den Anfangsbuchstaben ihrer beiden Nachnamen. Anfangs brachte die Firma hauptsächlich Herb Alperts eigene Platten heraus und verschaffte sich durch diese Erfolge das nötige Startkapital, um sich einen Namen mit anspruchsloser ›Middle of the Road‹-Popmusik zu machen. Doch von der Welle neuer Rockmusik und später besonders vom Monterey-Pop-Festival beeindruckt, nahmen die Freunde immer mehr andere Künstler unter Vertrag: Procul Harum, Humble Pie, Spooky Tooth, Cat Stevens und eben auch Joe Cocker.

Zurück in London ging Joe auf Promotiontour: Er machte Interviews, Fernsehauftritte und gab ein Konzert in der Royal Albert Hall. Er flog nach Paris und Amsterdam und hatte das Gefühl, es endlich, endlich geschafft zu haben.

In Sheffield wurde Joe gefeiert. Er war so lange eine Figur der dortigen Öffentlichkeit und Musikszene gewesen, daß eigentlich niemand mehr erwartet hatte, daß er es noch einmal schaffen würde. Jetzt waren die Menschen überrascht und begeistert, und auf einmal fiel allen ein, daß sie doch schon immer gesagt hatten, daß Joe das Zeug zum Star habe. Das Sheffield Magazin *Top Stars Special* widmete Joe im Dezember fast die ganze Ausgabe, interviewte Freunde, Familie und Musikerkollegen. Joe revanchierte sich und bat das Magazin, folgende Erklärung von ihm zu veröffentlichen: *Ich möchte jedem danken, der während der letzten sechs Jahre irgendwann einmal eine unserer Shows besucht hat (...) Nur weil die Leute mir treu ge-*

blieben sind, habe ich es geschafft. Ist es nicht überraschend, was mit der Hilfe von Freunden alles angestellt werden kann? Ich danke Euch allen!

»With A Little Help From My Friends« wurde *der* Joe-Cocker-Song. Obwohl es eine Coverversion war, machte Joe es zu seinem ureigensten Lied, so daß es in Zukunft immer mehr mit ihm als mit den Beatles in Verbindung gebracht wurde. Bis auf den heutigen Tag spielt er es auf seinen Konzerten, und jedesmal wird es frenetisch begrüßt.

Mit den Who und den Small Faces gingen Joe und seine Band nach der Promotion-Reise auf Tournee. Keith Moon und Joes Drummer Kenny Slade verstanden sich bestens, rauchten gemeinsam einige Joints und trieben derbe Späße.

Im Dezember 1968 wurde Joe kurzfristig wegen Marihuana-Besitzes festgenommen. Glücklicherweise gab seine Freundin Eileen geistesgegenwärtig an, daß das Marihuana ihr gehörte, denn Joe bereitete gerade seine erste Amerika-Tour vor, und in Drogenangelegenheiten waren die Amerikaner sehr heikel. Joe hätte also erhebliche Schwierigkeiten bei der Einreise bekommen können, unter Umständen hätte sie ihm sogar völlig verweigert werden können. So wurde die Anklage gegen ihn fallengelassen.

Nach dem Ende der gemeinsamen Tour ging es für Joe und seine Leute noch alleine weiter. Als sie für ein Konzert nach Sheffield zurückkehrten, war die Hölle los. Alle waren sie gekommen, um den nun berühmten Sohn der Stadt zu feiern, und quetschten sich in den »Black Swan Club«.

Über Weihnachten blieb die Band in Sheffield. Erst zu Silvester kehrten die Musiker nach London zurück und standen dann gleich die ganze Nacht auf der Bühne eines Schicki-Ladens. Joe lernte dort Peter Sellers kennen, und sogar Prinzessin Margaret war gekommen, um ihn zu hören.

Joe hob ab. Obwohl es nach außen so schien, als sei er der gleiche bodenständige Typ geblieben wie früher – er trug nach wie vor seine alten Anzüge oder schlabbrigen Jeans, sein Lieblingsgetränk blieb Bier, und statt einem Nobelrestaurant tat es für ihn auch ein Imbißstand, wo er Ham and Eggs bekam –, konnte es nicht ausbleiben, daß ihm nach all den Jahren harter Arbeit der plötzliche Ruhm zu Kopf stieg. »Joe war in diese Super-Hippie-Gesellschaft aufgestiegen«, erinnert sich Tom Eyre, »umgab sich mit all diesen super-exotischen Pseudos, und ich hatte den Eindruck, daß er sich davon blenden ließ. Ich habe ihn dann später wiedergetroffen, da war er wieder der Joe, den ich kannte, aber zu der Zeit fand ich ihn unerträglich.«

Joe war durch den Ruhm beeinflußbar geworden. Kaum hatte das neue Jahr begonnen, warf er Kenny Slade und Tommy Eyre aus der Band. »Ich weiß eigentlich bis heute noch nicht, was der Grund dafür war.« Schon vor Weihnachten hatten Joe und Chris sich ein paar neue Musiker angehört: Alan Spenner am Baß und Bruce Rowland am Schlagzeug. Chris Stainton wechselte ans Keyboard, und nur Henry McCullough blieb weiterhin der Leadgitarrist.

Chris konnte eigentlich nicht gut genug Keyboard spielen, aber nachdem er sich dazu entschlossen hatte, übte er mit gnadenloser Verbissenheit und unter dem Einfluß von Drogen und Aufputschmitteln, die ihn wach hielten. Obwohl Joe in erster Linie ein Alkoholiker war, griff auch er im Hippie-Zeitalter des öfteren zu Haschisch und Marihuana.

Die neue Band hatte einen Monat Zeit zum Üben, dann ging es im Februar und März 1969 auf England-Tournee mit Marmelade (die witzigerweise ebenfalls mit einem Lennon-McCartney-Titel, »Obladi-Oblada«, im Dezember 1968 den Durchbruch schafften) und dem Herzensbrecher Gene Pitney, dessen »Something's Gotta Hold Of My Heart« im November 1967 ein Riesenhit war.

Anfang April setzten sie nach Amerika über. »With A Little Help From My Friends« war bereits von ein paar Radiostationen gespielt worden und in den Billboard-Charts auf den 68. Platz gekommen. Kurz darauf erschien Joes Debütalbum, das den gleichen Titel wie die so erfolgreiche Single trug: »With A Little Help From My Friends«. Und tatsächlich waren darauf eine Menge prominenter Freunde vertreten: Spooky-Tooth-Drummer Mike Kellie trommelte auf »Change In Louise«, Procul-Harum-Mitglied Mathew Fisher spielte bei »Just Like A Woman« die Orgel, abermals war Stevie Winwood mit seinem unverkennbaren Orgelspiel bei den Songs »Do I Still Figure In Your Life« und »I Shall Be Released« zu hören, und Jimmy Page verfeinerte »Bye Bye Blackbird« mit seinem Gitarrenspiel.

Joe coverte auch zwei Bob Dylan Songs: »Just Like A Woman« und »I Shall Be Released«. Außerdem war eine Aufnahme auf der Platte, die Joe noch mit der Grease-Band in ihrer Originalbesetzung, also mit Tommy Eyre und Kenny Slade, gemacht hatte, der R&B Standard »Don't Let Me Be Misunderstood«. Bereits im Februar 1965 hatten Eric Burdon und seine Animals diesen Song in einer einzigartig bewegenden Version erfolgreich gemacht, doch Joe stand ihnen darin kaum nach.

Joe Cocker selbst hat für dieses Album nur an drei Songs mitgeschrieben: »Change In Louise«, »Marjorine« und »Sandpiper Cadillac«.

Den Song »Feelin' Alright«, eine Traffic-Coverversion, hatte er bereits im letzten Jahr bei seinem kurzen ersten Amerika-Besuch aufgenommen. Sie hatten den Song, eine Komposition von Traffic-Gitarrist Dave Mason, dort zum erstenmal gehört und waren von ihm so begeistert gewesen, daß sie ihn prompt in Los Angeles aufnahmen. Als besonderes Bonbon sangen im Hintergrund Ray Charles' Backing-Damen, die Raelettes. »Feelin' Alright«, ein sehr schwarzer Song mit jazzigem Klavier, wurde als zweite Single ausgekoppelt. Der Erfolg blieb allerdings aus, obwohl das Lied eine sehr typische Cocker-Interpretation war.

Die LP, von Denny Cordell produziert, wurde besonders in Amerika zu einem großen Erfolg. Dort erreichte sie den 35. Platz in den Charts. In England bekam sie zwar gute Kritiken, doch an den amerikanischen Erfolg reichten die Verkäufe nicht heran.

Nun engagierte Joe einen neuen Manager: Dee Anthony. Er war ein ausgefuchster alter Hase, seit siebzehn Jahren im Geschäft und hatte schon viele Neulinge zu Stars aufgebaut. Systematisch stellte er Joe in Amerika als den ›weißen Neger‹ vor, zuerst einmal im Fernsehen. Wer als Engländer in Amerika etwas werden wollte, kam an einer Fernsehshow nicht vorbei: der Ed-Sullivan-Show. Besonders die Karriere der Beatles hatte das eindrucksvoll bewiesen. Bei Ed Sullivan hatten die Beatles 1964 ihren Feldzug durch Amerika begonnen, und hier trat Joe nun auf, um seine zweite Single »Feelin' Alright« vorzustellen. Auch für ihn wurde die Show ein voller Erfolg, »die jungen Leute fanden ihn einfach wahnsinnig«.

Seit jeher hatten die Vereinigten Staaten eine ungeheure Faszination auf Joe ausgeübt. »Amerika« war für ihn ein magisches Wort: »Ich hatte Amerika lange nur durch die Augen Hollywoods gesehen, und als ich dann dort war, mußte ich feststellen, daß ich von dem Land keine Ahnung hatte. Ich kann nur sagen, ich war ziemlich beeindruckt.«

Joe schloß in Amerika einen Vertrag mit der Firma Bandana ab, einer in New York ansässigen Konzertagentur, die in Zukunft seine amerikanischen Konzerte organisieren sollte.

In »Fillmore East« in New York begann er wenig später eine Tournee. Joe trat an den verschiedenen Orten mit jeweils anderen Musikern auf. In New York war die Jeff Beck Group, bei der damals noch Rod Stewart sang, top of the bill. In Boston und Detroit traten Joe und seine Band vor den Who auf. Im In-Schuppen »Fillmore West« in San Francisco war die Folkrock-Gruppe The Byrds die Hauptattraktion. Die amerikanische Presse überschlug sich bei den Beschreibungen von Joes einzigartig-seltsamer Bühnendarbietung: *Auf der Bühne ist Joe Cocker ein wahres Wunder, wie er so spastisch herumfuchtelt, seine Arme um seinen Kopf schwingt und Grimassen zieht, als hätte er die allergrößten Schmerzen.* Oder: *Diese Mischung aus Parkinson'scher Krankheit, Muskelschwund und Veits-Tanz muß man gesehen haben.* Aber in einem waren sie sich alle einig: Joe Cocker war ein unglaublich beeindruckender Künstler! *Er ist der beste männliche Rock-Interpret, auf seine Art vergleichbar mit Janis Joplin,* schwärmte die *New York Times. Cockers Rock-Stil ist einzigartig und individuell, grob und vulgär, vielleicht zu egozentrisch, aber seine Kraft läßt die Exzesse berechtigt erscheinen.*

Cocker selbst war genauso begeistert: »Diese Tournee ist wirklich eine fantastische Erfahrung. Die Band fängt an, richtig gut zusammenzuspielen, sowohl musikalisch als auch persönlich. Und es passieren so viele ungewöhnliche Dinge. Man fühlt sich ganz frei hier, und es liegt Liebe in der Luft.«

Auch wenn die Erwartungen an Joe hoch waren und sehr viele Besucher kamen, um ihn zu hören, kannte er kein Lampenfieber. »Ich weiß nicht, wie ich das fertigbringe. Vielleicht kommt es daher, daß ich selbst kein Instrument spiele. Ich kann mir jedoch die geistige Verfassung eines Gitarristen gut vorstellen; ich möchte vor einem Konzert keinesfalls in seiner Haut stecken. Wenn ich dagegen singe, vergesse ich die Welt um mich herum. Ich werde automatisch zu einem Bestandteil des Songs. Ich bringe es sogar fertig, absolut schlechten Songs auf der Bühne Leben zu verleihen – von guten Songs ganz zu schweigen.«

FESTIVALS – WOODSTOCK

Der Sommer 1969 ging als der Sommer der großen Festivals in die Geschichte ein. Das dreitägige Newport Rock Festival (nicht zu verwechseln mit dem Newport Folk und dem Newport Jazz Festival von George Wein und Albert Grossman) war das erste in einer Reihe von gigantischen Open Air Konzerten, die sich über mehrere Tage hinzogen. Es begann am 20. Juni in Northridge, Kaliforniens Devonshire Downs. 150000 Personen strömten auf das Gelände. Dreiunddreißig (!) Bands standen auf dem Programm, darunter Ike und Tina Turner, Creedence Clearwater Revival, Steppenwolf, Jethro Tull, die Byrds, Johnny Winter, Booker T. and the MGs, Janis Joplin, Jimi Hendrix und eben Joe Cocker.

Bereits am darauffolgenden Wochenende stand Joe schon wieder vor einer gigantischen Menschenmenge auf dem Denver Pop Festival auf der Bühne. Und am 4. Juli begann das zweitägige Atlanta Pop Festival, wieder mit Janis Joplin, Johnny Winter und Creedence Clearwater Revival. Außerdem mit dabei waren Delaney and Bonnie, Led Zeppelin, Blood Sweat and

Tears und Canned Heat. 140000 Zuschauer sahen die vielen Gruppen, dennoch gab es nirgendwo gewalttätige Ausschreitungen.

Die Organisation war chaotisch, der Zeitplan wurde ständig über den Haufen geworfen, und überall gab es massenweise Drogen. Nicht nur die ungeheuren Menschenmassen und der enorme Auftrieb, den Cocker dadurch bekam, trugen also die Schuld daran, daß er nicht mehr wußte, wo ihm der Kopf stand. Vorher hatten er und seine Gruppe höchstens mal einen Joint geraucht, in Amerika aber wurden sie plötzlich mit allen möglichen Substanzen konfrontiert. Es schien, als experimentiere jeder, der auch nur die geringste Ahnung von Chemie hatte, herum, um seine eigene Droge zu erfinden. Die Bandmitglieder probierten alles aus, spülten das Zeug mit Cola herunter und warteten, was passierte.

Am 1. August stand Joe Cocker bereits auf der nächsten gigantischen Bühne. 110000 Leute waren zum ersten Pop Festival in der Nähe von New York gekommen: dem dreitägigen Atlantic City Pop Festival in Atlantic City, New Jersey. Neben der ›üblichen‹ Besetzung von Janis Joplin und Creedence Clearwater waren The Jefferson Airplane, die Byrds, Procul Harum, Dr. John und Santana dabei, außerdem BLues-Altmeister B. B. King und der schrille Rock 'n' Roller Little Richard. Auf diesem Festival gab es einen ziemlich unangenehmen Zwischenfall: Die Polizei machte eine Drogenrazzia und nahm am frühen Morgen eine Reihe der Musiker fest. Einen Tag und eine Nacht blieben sie im Gefängnis, bevor man sie wieder laufenließ, denn man hatte nichts bei ihnen gefunden.

Das wichtigste, legendärste Festival in diesem fast unüberschaubaren Angebot begann am 15. August auf einer Farm in Bethel bei New York und dauerte dreieinhalb Tage. The Woodstock Music and Art Fair.

Ende der sechziger Jahre war der kleine idyllische Ort Woodstock, ungefähr anderthalb Autostunden nördlich von New York, zu einem Paradies für Künstler geworden. Schon um die Jahrhundertwende hatten Maler und Bildhauer hier gewohnt. Doch als Bob Dylan 1964 hierher zog, folgte ihm nicht nur die Folkszene, sondern auch jede Menge anderer Musiker, von Joan Baez bis Frank Zappa.

Auf der sechshundert Hektar großen Milchfarm von Max Yasgur, einem reichen Farmer aus der Gegend, fand das 72-Stunden-Fest mit 32 Bands statt. Der alte Mann hatte das Stück Land freiwillig zur Verfügung gestellt und trat während des Konzertes auch mit einer Botschaft vor das Publikum. Mit brechender Stimme sagte er kurz vor Schluß zu der unübersehbaren Menschenmenge: »Ich weiß nicht, wie man zu zwanzig Leuten spricht, noch viel weniger, wie zu euch allen. (...) Ihr habt der Welt bewiesen, daß eine halbe Million Kids sich zusammenfinden können, um Musik und Spaß zu haben, und dabei wirklich nichts als Musik und Spaß haben.« Als Max Yasgur am 8. 1. 1973 starb, war dies vielen Musikmagazinen und Rockchroniken eine Nachricht wert.

Viele Leute engagierten sich auf dem Festival ehrenamtlich und umsonst. Die Kommune Hog Farm teilte Frühstück aus und sorgte für Sauberkeit – so gut es ging. Mit 60000 Fans hatten die Veranstalter gerechnet, doch bereits am Freitagmorgen waren die Zufahrtswege zur Farm völlig verstopft – 400000 Menschen befanden sich auf dem Weg zum Festival! Die meisten von ihnen hatten keine Tickets, und wegen des enormen Andrangs entschlossen sich die Veranstalter spontan, alle umsonst einzulassen. Als die Fans mit ihren Autos nicht mehr weiterkamen, ließen sie sie einfach am Straßenrand stehen und gingen zu Fuß weiter. Viele von ihnen waren sicherlich noch nie zuvor so weit gelaufen. Andere warteten stundenlang in ihren Autos oder Bussen.

In Woodstock war das Publikum drei Tage lang völlig von der Außenwelt abgeschlossen. Das war es, was das Festival so einzigartig machte, drei Tage lang wurde hier eine andere Lebensform zelebriert. Es gab keine Unterkünfte, keine Telefone, keine Restaurants, keine Stühle oder Bänke.

Der erste Abend stand im Zeichen des Folk: Arlo Guthrie und der indische Sitarspieler Ravi Shankar traten auf, und die schwangere Joan Baez sang »We Shall Overcome«.

Am folgenden Samstag brach das Chaos aus. Nachdem der Freitagabend in Regenschauern geendet hatte, knallte am Samstag die Sonne vom Himmel. Die Fans badeten nackt im See und reichten Joints herum. Der Drogenkonsum, sowohl vor als auch hinter der Bühne, war enorm. Farmer aus der Umgebung brachten Brote und Milch, denn die genügende Versorgung mit Lebensmitteln war angesichts der gigantischen Menschenmassen gefährdet. Angeblich flog sogar die amerikanische Luftwaffe Proviant ein. Auf jeden Fall aber brachte sie die Bands auf das Festivalgelände, da auch diese mit den Autos nicht mehr durchkamen.

Der zweite Tag des Festivals begann mit dem Auftritt der Grateful Dead. Es folgten Canned Heat, Creedence Clearwater Revival, Janis Joplin, Sly and the Family Stone, die die ganze Nacht hindurch spielten. Abbie Hoffmann, der Repräsentant der neuen politischen Studenten- und Yippie-Bewegung (Yippie – Youth International Party), rangelte sich mit Who-Gitarrist Pete Townsend um das Mikrophon. Die Who wollten spielen, Abbie dagegen wollte das politische Bewußtsein ansprechen. Schließlich warf Pete Abbie von der Bühne. Um halb neun am nächsten Morgen beendeten Jefferson Airplane das Konzert.

Knapp acht Stunden später, um 16 Uhr, begann Joes Gig. »Wir waren einfach nur gut drauf. Es war fantastisch, magisch! Wir standen auf der Bühne und schauten in die Menge, und es war, als würde man am Pier in Southend stehen. Nur war das nicht das Meer, auf das wir blickten, sondern das waren alles Menschen, so weit man sehen konnte. Und alle waren sie so unglaublich gut gelaunt.« Pete Townsend stellte Joe vor: »Wacht mal alle auf, ihr ungewaschenen Lumpen, denn jetzt geht's hier richtig los!«

Sein Haar ist zurückgekämmt, sein Bauch wölbt sich unter dem T-Shirt vor, sein Körper springt herum wie eine überdrehte Puppe. Doch er singt mit soviel Liebe und Einfühlungsvermögen, daß sein Auftritt wie ein Glaubensbekenntnis wirkt. So beschrieb der *Rolling Stone* damals Cockers Show.

Wegen eines heftigen Gewitters mußte Joe seinen Auftritt leider vorzeitig beenden. Sein Erscheinen hatte Joe übrigens nur einem Zufall zu verdanken. Sein Produzent Denny Cordell hatte in einem Spielcasino auf den Bahamas einen der Organisatoren des Festivals, Artie Kornfield, getroffen, der gerade eine große Glückssträhne hatte. Der fand Cockers Musik nicht schlecht und schlug ihn seinem Partner, dem zweiundzwanzigjährigen Michael Lang, vor. Ursprünglich war geplant gewesen, »alle wichtigen Rockbands der damaligen Zeit auf diesem Festival zu präsentieren. Aber dann kam uns die Idee, daß es vielleicht eine gute Idee wäre, wenn wir auch ein paar neue Talente vorstellen würden.« Zu diesen gehörte Joe. Auch Melanie und Tim Hardin verdankten diesem Festival ihren großen Durchbruch.

Country Joe and the Fish machten nach Joe Cockers Auftritt noch einen Versuch, dem Wetter zu trotzen, mußten aber schließlich doch abbrechen. Das Gelände verwandelte sich immer mehr in eine Schlammlandschaft, aber den Fans machte das nichts aus. Das Love-and-Peace-Feeling vereinte sie alle, und nichts konnte dieses universelle Gefühl zerstören. Viele tanzten zur Lautsprechermusik im Schlamm oder spielten Frisbee. Als der Regen aufhörte, kletterten Ten Years After auf die Bühne. Es folgten The Band, Johnny Winter, Blood, Sweat and Tears, Crosby Stills, Nash & Young und die Paul Butterfield Blues Band. Viele Fans verließen im Morgengrauen das Festival, und so erlebten nur ein paar Zehntausend einen grandiosen Jimi Hendrix, der bei strahlendem Sonnenschein, nach einer ganzen Nacht voller Musik, die amerikanische Nationalhymne elektrisch zerfetzte.

Es war weniger die Musik, die dieses Fest so einzigartig machte, als vielmehr die Tatsache, daß 400000 Menschen vier Tage lang unter katastrophalen Bedingungen, ohne ausreichende sanitäre Versorgung, zum Teil in strömendem Regen völlig friedlich miteinander umgingen. Es gab keine Streits, keine Schlägereien. »Ich habe noch nie so viele Menschen gesehen, die sich auf so engem Raum und unter solch chaotischen Bedingungen so friedlich verhielten«, stellte ein Polizist fest. Zwar kamen zwei Menschen um, aber nicht aufgrund gewalttätiger Ausschreitungen, sondern weil sie sich im Drogenrausch unvernünftig verhalten hatten. Denn Woodstock war nicht nur ein Fest der Musik, sondern auch der

Drogen. »Schafft ein schöneres Amerika, nehmt Drogen!« hieß der allgegenwärtige Slogan; LSD, Haschisch und Meskalin wurden offen zum Verkauf angeboten, der ganze Platz roch so stark nach Marihuana, *...daß man schon vom Einatmen der Luft benebelt wurde,* so der Polizeibericht.

Zwei Kinder wurden geboren. Vier Tage lang hatten die Hippies ihren Traum von der friedfertigen Welt wahr werden lassen. Love und Peace, die Schlagwörter ihrer Generation, hatten sich hier bewiesen. Das Staunen der Welt darüber manifestierte sich in einem Reigen von Superlativen: »Das endgültige Pop-Ereignis«, »ein wichtiges globales Ereignis«, »das größte und wichtigste Happening in der Geschichte der Menschheit«.

Ein dreistündiger Film von Michael Warleigh, ein 3-LP-Set und mehrere Bücher hielten den Mythos von Woodstock für die Nachwelt fest. Die Ausschlachtung des grandiosen Festivals begann, »kaum daß die Leiche kalt war«, und zwar hauptsächlich von denen, die mit der Organisation gar nichts zu tun gehabt hatten, sich später aber an Filmrechten und Plattenveröffentlichungen gesundstießen.

Im Film ist Joe nur in einem kurzen Ausschnitt zu sehen. »This one about sums the whole thing up – dieser Song faßt eigentlich alles zusammen«, nuschelt er ins Mikrophon, bevor er mit »With A Little Help From My Friends« beginnt.

DER ZWEITE STREICH

Der Erfolg brachte jedoch auch jede Menge Streß mit sich. Noch während Joe in Amerika tourte, arbeitete er bereits an seiner zweiten Platte. Im späten Frühjahr und Frühsommer spielte er erneut zehn Songs ein.

Das Album »Joe Cocker!« war in zweierlei Hinsicht bemerkenswert, denn Joe kam dadurch mit zwei Leuten in Kontakt, die für seine Karriere sehr maßgeblich waren.

Zuerst einmal traf er in London die Beatles, die von seiner Version von »With A Little Help From My Friends« schon immer sehr angetan gewesen waren. Da Denny Cordell sie ein wenig kannte, fragte er George Harrison, ob dieser nicht einen Song übrig habe. Die vier arbeiteten gerade an dem Album »Abbey Road«, und George sagte ja. Also besuchten Joe und Denny das Beatles-Büro Apple, um sich den Song anzuhören. »Es war fast, als würde man in eine Klinik kommen, ich saß da wie ein Schuljunge«, erinnert sich Joe. George klimperte ein bißchen herum, und nach einer Weile spielte er »Something«. Denny war begeistert: »Der ist ja absolut wahnsinnig! Ein echter

Killer! Wir nehmen den Song.« Im Keller von Apple war ein kleines Studio, und als George mit ihnen hinunterging, um den Song auf eine Kassette aufzunehmen, saß Paul McCartney unten und fragte vorwurfsvoll: »Und warum habt ihr mich nicht nach einem Song für Joe gefragt?« Joe: »Paul überließ mir dann ›She Came In Through The Bathroom Window‹.« Beiden Songs gab Joe seine völlig eigene Blues-Behandlung. »Something« wurde für George Harrison zu seinem größten Hit überhaupt. Es war das erste Mal, daß ein Harrison-Titel aus einem Beatles-Album ausgekoppelt wurde; inzwischen ist der Song einer der am meisten gecoverten Beatles-Titel überhaupt.

Eine Version gibt es auch von Frank Sinatra. »She Came In Through The Bathroom Window« blieb bei den Beatles ein kleines, witziges, unscheinbares Liedchen. Joe dagegen blähte es kräftig auf und unterzog es einer ›Bluesmassage‹.

Die zweite wichtige Begegnung war die mit Leon Russell. Der 1942 in Lawton, Oklahoma, geborene Russell hatte sich vorwiegend als Produzent, Arrangeur und Sessionmusiker einen Namen in der Musikszene gemacht. Er spielte Klavier auf der Bonnie&Delaney-LP »Accept No Subsitute«, und Joe und Dennis hatte seine Arbeit sehr gut gefallen. Als sie sich also zur Arbeit an dem zweiten Album in Los Angeles aufhielten, fragten sie nach Leon.

Leon war ein überzeugter Hippie, mit rückenlangen grauen Haaren und auf den ersten Blick ein eher ruhiger Typ. Er tauchte mit seiner Freundin Rita Coolidge, einer Halbindianerin und Tochter eines Predigers, die als Backgroundsängerin arbeitete, auf. Die beiden hörten sich die Aufnahmesessions an, und am nächsten Tag meinte Leon, er hätte da einen Song...

Der Song hieß »Delta Lady« und handelte von Rita. In Leons Garage nahmen sie ihn mit einer 16-Spur-Maschine auf. Eric Clapton, Bonnie Bramlett und natürlich Leon und Rita gaben ihren Teil dazu, und am Ende meinte Eric Clapton: »Das wird ein Hit.«

»Hello Little Friend« war ein weiterer Russell-Song, der auf dem Album erschien. Außerdem wurde noch ein alter Rock 'n' Roll-Titel von Larry Williams »Lawdy Miss Clawdy« aufgenommen.

Diesmal wirkten neben der Grease-Band, also Chris Stainton am Keyboard, Alan Spenner am Baß, Bruce Rowland am Schlagzeug und Henry McCullough an der Gitarre, nur wenige Gastmusiker mit: außer Leon Russell nur noch Clarence White von den Byrds bei dem Song: »Dear Landlord«.

Die Aufnahmen, die in mehreren Sessions und über einen langen Zeitraum verteilt produziert worden waren, hatten kaum ihr Ende gefunden, als Joe bereits nach England zurückflog.

Am 31. August spielte er auf dem Isle of Wight Festival. Nachdem bereits auf dem Woodstock Festival schon viel über einen möglichen Auftritt von Bob Dylan gemunkelt worden war, der dann aber doch nicht stattfand, zeigte Bob Dylan sich überraschenderweise jetzt ausgerechnet hier in England. Es war der erste öffentliche Auftritt von Dylan, nachdem er drei Jahre zuvor einen schweren Motorradunfall gehabt hatte und sich seitdem nicht mehr auf einer Bühne hatte blicken lassen. Klar, daß dadurch die gesamte Aufmerksamkeit der Fans und der Presse Bob Dylan galt und Joes Auftritt etwas unterging.

Im September machte Joe einen Abstecher nach Amsterdam und trat neben Free und Spooky Tooth auf. Anschließend gönnte er sich einige wenige Tage Urlaub, die er auf dem Land in Bershire und natürlich in Sheffield verbrachte. Dort verblüffte er seine alten Fans und Freunde mit einem spontanen Auftritt im »Black Swan Club«.

Im Oktober ging es zurück nach Amerika, wo soeben die zweite LP »Joe Cocker!« erschienen war. Die Single »Delta Lady« kam in England übrigens bereits am 27. September 1969 heraus, und Eric Clapton behielt recht: Elf Wochen hielt sie sich in den Charts und kam bis auf den zehnten Platz. In Amerika konnte Joe keinen so großen Erfolg verzeichnen. Schon »With A Little Help...« war nur auf den 68. Platz geklettert, »Delta Lady« kam gar nicht erst in die Charts.

Leon Russell und Denny Cordell hatten das Album in London fertigproduziert. Glyn Johns, der sich bei den Stones die ersten Lorbeeren verdient hatte und die Produktion des Beatles-Albums »Let It Be« von George Martin übernommen hatte, half beim Abmischen. Gemeinsam hatten Leon und Denny, die sich von Anfang an hervorragend verstanden hatten, auch das Plattenlabel Shelter Records ins Leben gerufen, dessen Zentrale sich in Tulsa, Oklahoma, befand. Als erste Platte erschien auf Shelter Leons erstes Soloalbum »Leon Russell« (zuvor hatte er bereits eine Platte mit dem Asylum Choir aufgenommen), das ebenfalls mit vielen Gastmusikern in London entstanden war.

Als »Joe Cocker!« erschien, waren Joe und die Grease-Band bereits auf ihrer zweiten großen Amerika-Tournee, bei der sie diesmal in einigen Orten schon als Headliner angekündigt wurden. Das Album kam bis auf den 11. Platz der US-Charts. Der Beatles-Titel »She Came In Through The Bathroom Window« erreichte hier den 30. Platz und wurde mit einer Goldenen Schallplatte ausgezeichnet.

Weihnachten verbrachte Joe wie üblich bei seinen Eltern in Sheffield und machte Pause bis Neujahr. »Sheffield ist für mich immer gleichbedeutend mit Verschnaufpause. Niemand versucht dort, mich an irgendwelche musikalischen Traditionen und Verpflichtungen zu erinnern.« Nach wie vor bewegte Joe sich auch in der lokalen Musikszene: »Ich kenne eine Menge Leute in Sheffield, die in musikalischer Beziehung wirklich etwas bieten könnten, wenn sie sich zusammenreißen würden.«

1970 ging genauso weiter, wie das alte Jahr aufgehört hatte: mit Konzerten. Zuerst trat Joe in England auf und dann bei der Musikmesse Midem in Cannes. Die Midem ist ein alljährliches Treffen der Musikindustrie. Hier werden Verträge abgeschlossen, Beziehungen geknüpft und neue Bands vorgestellt.

Danach sollte Joe, nach dem Willen seines Veranstalters Dee Anthony, ein drittes Mal in Amerika touren. Aber Joe war erschöpft. Nachdem er praktisch neun Monate ununterbrochen auf Tour gewesen war, brauchte er nichts so dringend wie eine Pause. Er mußte erst einmal verarbeiten, was im letzten Jahr geschehen war. Jahrelang hatte er in Sheffield versucht, den Durchbruch zu schaffen, und nichts war passiert. Und nun hatte der Erfolg sein Leben in kürzester Zeit komplett umgekrempelt. Eben hatte er noch in einem Pub vor ein paar hundert Leuten gespielt, jetzt trat er auf einmal vor Hunderttausenden auf. Und wenn er nicht von Konzert zu Konzert eilte, stand er im Studio, hörte sich neues Material an und spielte es ein, trat er im Fernsehen auf, gab Interviews und vieles mehr...

Und so lehnte Joe eine weitere Tour ab. Dee Anthony kam extra nach England, doch Joe ließ sich nicht überreden. Er war ein Dickkopf – und außerdem der Bandleader. Bisher hatte immer er über die Aktionen der Gruppe entschieden, und so sollte das seiner Meinung nach auch bleiben. Doch Anthony sah das anders. Trotz der großen Konzerte hatte der Newcomer Joe bisher nicht viel verdient – seine Gage bei Woodstock hatte nur etwas mehr als tausend Dollar betragen –, und Anthony sagte, nicht zu Unrecht, jetzt oder nie: Joe hatte eine neue Platte in den Charts, und er hatte mit den vorigen Tourneen das Feld gut vorbereitet, um jetzt endlich, nach der ganzen Vorarbeit, abzusahnen.

Joe war anderer Meinung und griff zu einer ungewöhnlichen Maßnahme: Er löste die Grease-Band kurzerhand auf. Keine Band, keine Tour! Doch Anthony brachte auch das nicht aus der Fassung. Er hielt an dem Termin Februar 1970 für die Tournee fest. Sechs Tage davor brach er dann aber doch etwas in Panik aus, denn Joe ignorierte ihn halsstarrig. Anthony fuhr volle Geschütze auf, schließlich hatte er die Hallen gebucht, die Plakate gedruckt, einen Vertrag unterschrieben, und er hatte keine Lust, nur weil Joe nicht mitziehen wollte, einen Haufen Geld zu verlieren. Wenn Cocker sich also weiterhin weigerte, wollte er ihn verklagen.

Joe saß in der Klemme. Wenn er den Vertrag nicht erfüllte, war er ruiniert, bevor er überhaupt angefangen hatte, richtig Geld zu verdienen. Bisher hatte er viel Arbeit in die Musik hineingesteckt, jetzt sollte sie endlich Früchte tragen. Joe war klar, daß er in Amerika nie mehr einen Fuß auf den Boden bekommen würde, wenn die Tour platzte. Dafür würde Anthony schon sorgen. Denn wer würde schon einen unzuverlässigen Künstler buchen? Wenn er die Konzertveranstalter einmal verprellte, hatte er beim nächsten Mal schlechte Karten.

Wenn man Joe heute reden hört, dann haben

sie ihn alle nur betrogen und ausgenützt. Er will nichts davon hören, daß er zuvor einen entsprechenden Vertrag abgeschlossen hatte, den Anthony lediglich erfüllt sehen wollte.

MAD DOGS AND ENGLISHMEN

In der Kürze der Zeit fiel Joe nichts anderes ein, als Leon Russell anzurufen und zu fragen, ob er mit auf die Tournee kommen wollte. Leon fand die Idee hervorragend und rief ein paar Freunde an. Zuerst einmal warb er die gesamte Band von Delaney und Bonnie ab, und zwar genau in dem Augenblick, in dem das Popmusik-Ehepaar Delany und Bonnie Bramlett soweit war, daß es selbst eine große Karriere starten konnte. Seit ihrer Heirat 1967 hatten die beiden gemeinsam Musik gemacht. »Wir haben Jahre gebraucht, um diese Band von exzellenten weißen Soulmusikern zusammenzustellen, und dann kommt Leon daher und schnappt sie uns über Nacht komplett weg!« ärgerte Bonnie sich noch Jahre später.

Leon liebte es, viele Menschen und Freunde um sich zu haben, ganz nach dem Hippie-Motto ›Wir sind alle eine große Familie‹. So stießen noch drei Drummer, Jim Keltner, Jim Gordon und Chuck Blackwell, mehrere Gitarristen, Bläser und Sängerinnen dazu. Als Joe und Denny Cordell zu der ersten Probe erschienen, »mußten wir feststellen, daß Leon jeden Typen bestellt hatte, der gut spielen konnte!«

Nachdem er den ersten Schock überwunden hatte, begann Joe Spaß an der Sache zu haben. Das war doch einmal etwas völlig anderes, als die immer gleichen Kumpels aus alten Sheffield-Zeiten um sich zu haben. Noch während diese ›Band‹ probte, kamen immer neue Musiker dazu, da die Proben in den A&M Studios stattfanden. Und da alles schon so locker lief, stellte man auch gleich die Mikrofone und Bandmaschinen an und nahm bei der Gelegenheit zwei Songs auf: »Cry Me A River«, im Original von Julie London, und »The Letter«, mit dem die Boxtops, eine der wenigen weißen Soulbands, im September 1967 einen Riesenhit gehabt hatten.

Als die Band schließlich loszog, bestand sie aus zwanzig Leuten: den bereits genannten drei Schlagzeugern, drei Bläsern, nämlich Bobby Keys, Jim Price und Jim Horn, dem Bassisten Carl Radle von Delaney und Bonnie, Don Preston als Gitarristen, Chris Stainton und Leon. Zum Team gehörte außerdem ein zehnköpfiger Background-Chor, der Space Choir, dem natürlich Rita Coolidge vorstand. Mit Roadies, Technikern, Managern, Freunden, Freundinnen und Ehefrauen betrug die Zahl der Mitreisenden zwischen vierzig und hundert Personen. Die Anzahl änderte sich ständig, da immer wieder jemand dazustieß oder ein anderer ging.

»Mad Dogs and Englishmen«, stöhnte Denny Cordell angesichts des Chaos. In England ist das fast schon ein stehender Ausdruck. »Mad Dogs And Englishmen« hieß ein Hit des genialen Multitalents, Schauspielers, Sängers und Stückeschreibers Noel Coward, der mit seinen ironischen Betrachtungen und scharfsinnig-witzigen Komödien zu einer der beliebtesten englischen Persönlichkeiten wurde. Der Song ist eine Satire auf die »verrückten Hunde und Engländer«, die die einzigen sind, die bei brütender Hitze in den Kolonien in der Sonne herumrennen, während jeder normale, klardenkende Mensch sich in den Schatten zurückzieht. Die Satire ist also durchaus auf Joes Situation übertragbar. Cowards »Mad Dog And Englishmen« war Churchills Lieblingslied und wurde als Slogan für die Tournee gewählt.

Wenn schon Chaos, dann auch richtig! Zu den ganzen Musikern mit ihrer Crew und ihren Familien sollte sich nun auch noch ein Filmteam gesellen, denn Denny hatte die Idee gehabt, diese verrückte Tournee für die Nachwelt festzuhalten, und Joe fand das sehr verlockend.

Trotz der zum Teil unangenehmen Vorfälle und schlechten Erinnerungen kann man eines nicht leugnen: Es war ein einzigartiges Unterfangen. Trotz all des Stresses fand auch Joe Jahre später immer noch, daß »es eine ganz besondere musikalische Erfahrung war, diese Tour gemacht zu haben.« Und: »Bei mehr als fünfzig Leuten, die über zwei Monate zusammenleben, ist es nicht weiter erstaunlich, wenn Reibereien entstehen.« Wenn er auch zugeben mußte: »Ich hatte keine Ahnung, wie viele von uns jeweils auf der Bühne waren und mit dem Tambourin rasselten.«

»Unabhängig davon, wie schrecklich und deprimierend und verrückt das Leben im Flugzeug und in den Hotels war, in dem Moment, in dem die Musik loslegte und Joe die Bühne betrat, war ich das glücklichste Mädchen der Welt«, bekräftigt Rita Coolidge. Ähnlich erging es Jim Keltner: »Es war einfach sagenhaft, in dieser Band zu spielen – bei manchen Auftritten schwebten wir förmlich einen halben Meter über dem Boden. Es war eine unglaubliche Erfahrung, und ich habe Ähnliches seitdem nie wieder erlebt. Es war ein Superding!«

Um diesen ganzen Troß von Leuten, inklusive der beiden Kinder von Denny, die während der Auftritte auf der Bühne spielten, durch Amerika zu transportieren, mietete Jerry Moss, der Boß von Joes Plattenfirma A&M, ein komplettes Flugzeug. »Cocker Power« wurde in riesigen Buchstaben darauf gemalt, und los ging's! Mit einem Hund, um den Tourslogan glaubhaft zu machen, hoben sie am 19. März 1970 ab und landeten immer dann zwischen, wenn man Denny Cordell Glauben schenken will, »wenn wir Hunger hatten, heiße Würstchen, Hamburger oder Getränke brauchten.«

Am 20. März fand das erste Konzert in Detroit statt. 65 Konzerte gaben sie in den nächsten zwei Monaten, also wenigstens eines pro Tag.

Im New Yorker »Fillmore East« wurde der

größte Teil des Live-Albums und des Films aufgenommen. Joe sang die Hits seiner Alben, daneben »Bird On The Wire« von Leonard Cohen, »Honky Tonk Woman« von den Stones und »I've Been Loving You Too Long«. Doch auch die Band kam auf den Konzerten nicht zu kurz: Leon Russell spielte seinen Song »Hummingbird«, Rita Coolidge sang »Superstar« und Claudia Lennear, eine ehemalige Background-Sängerin von Ike und Tine Turner, »Let It Be«. Zum großen Teil hatte die Band auf Standards zurückgegriffen, die alle kannten, da sie nicht viel Zeit dazu gehabt hatte, völlig neue Songs einzustudieren.

Die Fans waren von dieser Mammutband begeistert und feierten die »Mad Dogs and Englishmen« als ein einzigartiges Hippie- und Komunenereignis. Doch selbst Leon gab später zu: »Ich glaube, wenn man diesen ganzen Heuschrekkenschwarm nicht um sich hat, spielt man besser. Da waren immer so viele Filmleute und fremde Personen auf der Bühne, daß es schwerfiel, sich auf das Spielen zu konzentrieren.«

Die gesamten 65 Tage der Tour waren eine einzige große Party. Ein Hauch von Woodstock und Love and Peace lag über allem. Das grandiose Ereignis sprach sich auch herum, und einige Musikerkollegen wie Bob Dylan sahen sich das Spektakel live an. Die Band machte alles zusammen, vor jedem Auftritt wurde gemeinsam gegessen. Joe meinte später dazu: »Diese Großfamilien-Atmosphäre war zu Anfang gar nicht beabsichtigt. Das hat sich mit der Zeit einfach so ergeben.«

Doch nach einiger Zeit begann sich das Klima zu verändern. Nach einer Phase der Begeisterung traten die ersten Schwierigkeiten in dieser bunt zusammengewürfelten Gruppe auf, machten sich Frust und Unglücklichsein breit.

Leon genoß das Chaos. Während Joe der Star war, fungierte er als Bandleader. »Er war wie besessen von der Sache«, erinnert sich Denny Cordell. »Leon stand auf Gemeinschaften – auf seine Gemeinschaft, in der sich alles um ihn drehte. Die Leute richteten sich in allen Dingen nach ihm.« Leon versuchte Joe an die Wand zu drängen und – schlimmer noch – ihn, ebenso wie die anderen, wie einen Angestellten zu behandeln, dem er sagte, was er tun sollte. *Russell sah eindrucksvoll aus mit seinem grauen Haar, seinem Bart und seinen großen, hypnotischen Augen, ein bißchen wie eine Mischung aus Rasputin und einem Propheten des alten Testaments,* schrieb Rockchronist Nik Cohn in »AWopBopaLooBopALoopBamBoom«, seinem Klassiker über die Geschichte des Rock. *Es stellte sich heraus, daß er ebenso brüllen und heulen konnte wie Cocker, und er begann ihm die Show zu stehlen. Als sie zusammen einen Film machten, kam Russell groß heraus, und Cockers Stern verblaßte.*

Für Leon war die Show ein Ego-Trip. Ihm war klar, daß Joe ohne ihn im Schlamassel gesteckt hätte, und er wußte auch, daß Joe nie eine solche Band hätte führen können. Eine Tatsache, die

die Beziehung zwischen Joe und Leon nicht gerade verbesserte, denn Joe seinerseits war von seinem Sonderstatus als Star überzeugt. Um seinen momentanen Erfolg voll auszukosten, brachte Leon die ganze Band sogar dazu, einen Abstecher in seine Heimatstadt Tulsa zu machen und dort ein Konzert zu geben.

Neben den vielfältigen Ego-Trips waren es auch die vielen Drogen, die das Tourneeleben zu einer Achterbahnfahrt machten. Ständig warf irgend jemand irgendwelche Pillen in die Getränke, so daß die Musiker meistens, ob sie wollten oder nicht, auf irgendeinem Trip waren. Joe nahm hohe Dosen Kokain, »um am Morgen aufzuwachen«, wie er sagte. Oft artete das in pures Chaos auf der Bühne aus, weil sich der Trip nicht immer mit der Musik in Verbindung bringen ließ. Drummer Jim Keltner: »Als ich mich an mein Schlagzeug setzte, blickte ich mich auf der Bühne um und sah vor mir eine riesige Wand aus roten und blauen verschwommenen Lichtern – und Joe in einer Art Nebel, während er mit den Fingern durch sein Haar fuhr. Ich war so verwirrt, daß ich nicht mehr wußte, warum der Kerl da stand und sich in diesem roten und blauen Nebel an den Haaren zerrte. (...) Ich hatte einen Stock in der Hand, blickte auf das Becken, und in meinem Kopf tauchte die Frage auf: Was ist Rhythmus? (...) Ich hatte Todesangst, ging von der Bühne nach hinten, setzte mich auf die Treppe und weinte.«

Joe hörte irgendwann ganz auf zu essen und

›ernährte‹ sich nur noch von Alkohol und Drogen. Er wurde immer abwesender und unnahbarer. Rita erinnert sich: »Es gab Abende, an denen ich geschworen hätte, daß der Mann nicht einmal mehr auf die Bühne kommt, geschweige denn eine Show abliefern kann. Aber jedesmal, wenn Joe auf die Bühne ging und zu singen anfing, hatte er die Show in der Tasche. Er hat nie einen Text vergessen. Noch konnte er Drogen und Alkohol vertragen, ohne umzufallen. Er ging auf die Bühne und war voll da, er war derjenige, der die magischen Momente heraufbeschwören konnte mit dieser unglaublichen Macht, die von seiner Musik ausging. Danach wirkte er wie ein hilfloses Kind, aber wenn er sang, kam keiner an ihn heran.«

Das mußte ihm sogar Nik Cohn bestätigen: »Wenn Dracula schlief, stolzierte sein Gesinde durchs Schloß, als gehörte es ihm (...). Doch bei Einbruch der Dunkelheit erwachte der Graf mit Feueraugen, und Clovis kauerte sich unter vielen Bücklingen wieder in seine Ecke.«

Joe zog sich immer mehr in sich selbst zurück und ließ die Dinge einfach laufen. Kampflos überließ er Leon die Führung, nachdem er anfangs immer noch geglaubt hatte, er könnte ihm Einhalt gebieten, wenn er es nur wollte.

Die Tournee, die ursprünglich nicht so lang geplant gewesen war, wurde noch um ein paar Konzerte verlängert, und so gab die Band erst am 16. Mai in San Bernadino ihr letztes Konzert.

ZUSAMMENBRUCH

Nach der »Mad-Dogs-and-Englishmen«-Tournee war Joe völlig erschöpft. Für diese Tour hatte er sämtliche Energien aufgebraucht, die er noch hatte. Jetzt war er ausgelaugt. Er brachte nichts mehr fertig und wollte nur noch eines: Ruhe und schlafen. Er quartierte sich in Dennys Haus in Los Angeles ein, warf sich dort auf den Fußboden und war nicht mehr zu bewegen. Denny sagte später über die Tour: »So großartig es auch war, ich wünschte, es wäre nie passiert. Wenn Joe nicht die Mad Dogs Tour gemacht hätte, sondern statt dessen nur mit vier oder fünf Musikern auf die Reise gegangen wäre, (...) hätte er eine weitere Stufe seiner Entwicklung erreicht und am Schluß das Gefühl gehabt, wirklich etwas geleistet zu haben.«

Ab und zu lud Rita Joe ein und bekochte ihn, damit er wenigstens hin und wieder etwas zu essen zwischen die Zähne bekam und Gelegenheit hatte, auszunüchtern von den Alkohol- und Drogentrips, auf denen er sich praktisch ständig befand. Irgendwie brachte es dann doch noch jemand fertig, Joe mit Leon Russell ins Studio zu schleppen. Gemeinsam nahmen sie eine völlig untypische Nummer für Joe auf, die Everly Brothers-Schnulze »Wake Up, Little Susie«, doch der Titel wurde nie veröffentlicht. Russell, der in einem Interview über Joe einmal gesagt hatte, »daß er selbst lächerliche Songs in etwas Lebendiges verwandeln kann«, konnte an dieser Aufnahme nichts mehr retten. Joe wollte und konnte nicht mehr. Er hatte zu schnell zu viel gegeben, was jetzt übrig war, reichte gerade noch zum bloßen Überleben.

Fast zwanzig Jahre später sah Joe die Tournee nicht mehr so kraß. »Damals blieb ich allein und erschöpft zurück – ohne Ambitionen für die Zukunft – das war das Schreckliche daran. Am Ende der Tournee stand ich kurz vorm Durchdrehen. Als alles vorüber war, schien es einfach keinen Grund zu geben, weshalb ich weitermachen sollte. Ich war in jeder Hinsicht total verwirrt, ich wollte einfach nur von allem und von allen weg. Heute denke ich, daß diese Sache ihre Narben hinterlassen hat – aber das haben andere Dinge auch, Mädchen oder andere Musiker. Es war halt eines der kleinen Wagnisse des Lebens.«

Geld hatte die Tour ebenfalls nicht viel eingebracht. Die amerikanischen Konzertsäle waren, wenn man nicht in Sportarenen spielen wollte, mit zwei- bis dreitausend Plätzen recht klein, man konnte also viele Karten nicht verkaufen, und die hohen Reisespesen hatten den mageren Gewinn zum größten Teil aufgefressen. Denn Joe hatte beim Abschluß des Vertrags nicht darauf geachtet, daß von seinen persönlichen Einnahmen die Gagen der anderen Musiker abgingen. Seine gesamte Crew, einschließlich Leon Russell, erhielt ein festes monatliches Gehalt, und er war der Arbeitgeber, der es bezahlte. So blieben Joe nach Abschluß angeblich nicht einmal tausend Dollar für diese zwei Monate härtester Arbeit.

Während die »Mad-Dogs-and-Englishmen«-Tournee für Joe zum totalen Absturz wurde, wurde sie für Leon zum Sprungbrett seiner eigenen Karriere. Bereits ein Jahr nach der Chaos-Tour erschien seine erste Solo-LP »Leon Russell« auf seinem eigenen, mit Denny Cordell gegründeten Plattenlabel Shelter. Er hatte die Elitemusiker schlechthin dafür als Begleitung gewinnen können: Eric Clapton, George Harrison und Ringo Starr, Bill Wyman und Charlie Watts von den Rolling Stones. Der wilde Hippie am Klavier verkaufte seine eigenen Platten und seine extravagante, überraschende Show gut, ging auf ausverkaufte Tourneen und stand am 1. August 1971 mit den Größen der Rockszene, Bob Dylan, Eric Clapton, George Harrison und Ringo Starr auf der Bühne des tobenden Madison Square Gardens für das von Harrison organisierte Benefizkonzert für Bangla Desh.

Auch Rita Coolidge machte sich an eine ziemlich erfolgreiche eigene Karriere. 1971 erschien ihr Soloalbum »Rita Coolidge«. Sie heiratete den Sänger und Schauspieler Kris Kristofferson und nahm mit ihm auch das höchst erfolgreiche Country Album »Full Moon« auf. Sie erntete Goldene und Platine Schallplatten und sogar einen Grammy.

Für Drummer Jim Keltner bedeutete die Tournee ebenfalls einen Karrieresprung als Sessionmusiker. Künftig spielte er für George Harrison, auf John Lennons LP »Imagine« und sogar für Ringo Starr, der ihn 1992 erst als den einzigen Rockschlagzeuger bezeichnete, den er wirklich respektierte. Auch Bobby Keys spielte Saxophon für Ringo Starr.

Joe rappelte sich nicht wieder auf. Er hatte sich der Passivität ergeben. »Ich wollte nur noch eins – in Ruhe darüber nachdenken, was ich eigentlich tun wollte.« Erst zwei Jahre später hatte er die nötige Distanz gefunden, um den Mad-Dogs-Trip einigermaßen realistisch einschätzen zu können: »Die ganze Sache war keinesfalls so gut, wie die Leute damals sagten. Es gab eine Menge von Belastungen hinter den Kulissen. Bei mehr als fünfzig Leuten, die über zwei Monate zusammenleben, ist es nicht weiter verwunderlich, wenn manchmal Reibereien entstehen. Aber natürlich war die ganze Sache auch ein Riesenspaß. Weniger angenehm war hingegen die Management-Seite des Unternehmens. Am Ende der Tournee war ich nahe am Durchdrehen. Und als alles vorüber war, sah ich absolut keinen Sinn mehr im Weitermachen. Ich war erschöpft, verwirrt und durcheinander.«

Eine für Herbst angekündigte Tour sagte er ab. Erst im November gelang es Denny, Joe dazu zu bewegen, nach Alabama zu gehen, um zwei

Nummern aufzunehmen, die er vor einiger Zeit gemeinsam mit Chris Stainton komponiert hatte. Davor, im Juni 1970, war übrigens Joes Aufnahme von »The Letter« erschienen und zu einem Top-Ten-Erfolg in Amerika geworden. Die nachfolgende Single »Cry Me A River« war fast ebenso erfolgreich: Platz 11 in den USA. Nur das davor veröffentlichte »She Came In Through The Bathroom Window« kam lediglich auf Platz 30.

»High Time We Went« hieß die erste Nummer, die Joe in Amerika aufnahm und die sich in den dortigen Charts auf Platz 22 plazieren konnte. Pünktlich zu Weihnachten ging Joe wieder nach England zurück.

Obwohl Joe die Grease-Band damals auf ziemlich üble Weise aufgelöst hatte und auch ohne sie die »Mad-Dogs-and-Englishmen«-Tournee durchgezogen hatte, war der erste, den er nach seiner Rückkehr nach England aufsuchte, sein ehemaliger Drummer Bruce Rowland. Bruce und auch der ehemalige Grease-Bassist Alan Spenner waren schockiert über den Joe, den sie jetzt sahen. Er schien ein völlig anderer Mensch zu sein als früher. Er sprach mit sich selbst, wechselte ständig das Thema und dämmerte manchmal einfach nur vor sich hin. Er wollte nichts mehr von Musik und dem ganzen miesen, dreckigen Geschäft wissen. Er wollte nur noch seine Ruhe haben. Er schluckte Unmengen Beruhigungsmittel und andere Drogen. Auf einen panischen Anruf von Joes ehemaliger Freundin Eileen sah Bruder Victor nach ihm. Er brachte ihn nach Sheffield, und Joe zog wieder ins Haus seiner Eltern ein. »Er war ein Zombie. Er saß einfach nur den ganzen Tag da und starrte in die Luft. Er sprach fast gar nicht mehr, er aß und saß da. Es schien, als sei er völlig leer.«

Was genau eigentlich auf der Tournee geschehen ist, was Joe einen derartigen Schlag versetzt hat, ist nicht nachzuvollziehen. Zumindest ist nicht nachzuvollziehen, weshalb es ausgerechnet ihn fast umbrachte. Vielleicht war er doch ein sehr viel sensiblerer Typ, als viele dachten. »Die Leute vergessen unheimlich schnell. Das gibt mir manchmal zu denken. In harten Zeiten werden der Mühe und der Arbeit, die in eine Sache hineingesteckt wurden, keine Aufmerksamkeit mehr geschenkt. Ganz plötzlich kennt dich keiner mehr.«

Auf seine Freundin in Sheffield konnte Joe sich nach wie vor verlassen. Anfangs ging er kaum aus dem Haus, nur selten besuchte er den benachbarten »Mason's Arms Pub«. Später jedoch zog er mit seinem ehemaligen Schlagzeuger Kenny Slade durch die Stadt. »Reichlich Pillen, reichlich Acid, reichlich Spirituosen«, erinnert sich Kenny. »Die meiste Zeit waren wir stoned.« Am meisten schockiert über die Veränderung, die mit Joe vor sich gegangen war, waren der Gitarrist Phil Crookes und Dave Memmott. »Joe hatte immer zu der Art Menschen gehört, die gerne reden und sich mitteilen. Das war plötzlich nicht mehr so.« Als Leon Russell am 27. Februar 1971 in Sheffield ein Konzert gab, weigerte Joe sich hinzugehen. »Er haßte ihn«, behauptete Kenny Slade.

Von Joe selbst erschien 1970 erst einmal nur das Live-Album der Tour »Mad Dogs and Englishmen«. Er selbst kümmerte sich überhaupt nicht darum; Denny und Leon hörten allein die verschiedenen Aufnahmen durch und engagierten den bewährten Produzenten Glyn Johns, um die Bänder entsprechend aufzubereiten. Denn das Chaos auf der Bühne hörte sich auf Band oft nicht sehr gut an, zumal einem die dazugehörigen Bilder der Show fehlten. Oft hatten eine Menge Leute mitgesungen, die eigentlich gar nicht singen konnten, und so nahm Glyn den Backgroundchor einfach komplett neu auf und erhielt so eine akzeptable Aufnahme.

Trotz gemischter Kritiken stürmte das Doppelalbum »Mad Dogs and Englishmen« sowohl in Amerika als auch in England in die Charts. Zum ersten Mal wurde ein Cocker-Album auch in anderen Ländern veröffentlicht. Die Kritiken waren gemischt: *Das Ganze wird mit der Frische und Spontanität einer kurzfristig zusammengestellten Gruppe in ungewöhnlich guter Kommunikation mit dem Publikum vorgetragen,* lobte das *Sounds Magazin.* Der Grundtenor lautete aber wohl eher: »Der gleiche Overkill, der auf der Bühne so aufregend und beeindruckend wirkt, kommt auf Platte zu dick aufgetragen daher.«

Eine Ironie des Schicksals war es auch, daß Leon hier ebenfalls seine Kartoffeln im Feuer hatte: Die Rechte vieler der Songs, die sie live gespielt hatten, gehörten seinem Musikverlag.

Am 22. Januar 1971 hatte der Film über die Tour in England, im Londoner Festival Palace, Premiere, kurze Zeit später in Amerika. »Es war keine gewöhnliche Tour, und wir haben versucht, das auf der Leinwand zu zeigen.«

Der zweistündige Film gibt somit auch einen recht privaten Einblick in das Leben auf dieser Tour. Er zeigt die Bandmitglieder rund um die Uhr und bei ganz alltäglichen Beschäftigungen, in der Garderobe, im Hotelzimmer, bei den Proben und auch in Restaurants, auf Picknicks und natürlich im Flugzeug. Dazu kommen jede Menge Erklärungen, Philosophien, Weltanschauungen, wodurch der Film einen privaten und vor allem unorthodoxen Blickwinkel hat.

Joe wirkt in dem ganzen Film sehr in sich zurückgezogen, man sieht ihn kein einziges Mal mit Leon reden.

Bei der Kritik kam der Film dennoch schlecht weg. »Unvergleichliche Langeweile«, lautete das Pauschalurteil.

Auch die Filmeinnahmen halfen Joe nicht aus seiner finanziellen Misere heraus. Zwar erhielt er 95 Prozent der Bruttoeinnahmen, mußte davon aber auch sämtliche Ausgaben bestreiten. Unter Umständen machte er damit sogar Verlust. Lediglich die LP ließ etwas mehr Geld in Cockers Säckel rollen.

Ende Mai 1971, fast genau ein Jahr nachdem die »Mad-Dogs«-Tournee zu Ende gegangen war, stand Joe zum ersten Mal seitdem wieder auf einer Bühne. Rita Coolidge eröffnete die Show der Byrds in Sheffield. Sie rief Joe an und bat ihn zu kommen. Vollgepumpt mit Acid torkelte Joe in der Mitte ihrer Show auf die Bühne, spielte zwei alte Blues-Titel und sang mit Rita im Duett »When The Battle Is Over«. Es wurde ein großartiger, gefühlsbetonter Auftritt – und er gab Joe den notwendigen Kick in die richtige Richtung. Im Juni ging er ins Studio und nahm in einer Woche neun neue Songs auf, die er außerdem gleichzeitig mit Chris Stainton schrieb. Ringo Starr gab sich als Gastmusiker die Ehre, ebenso wie Stevie Winwood. Auch Joe hat sich angeblich bei ein paar Titeln wieder einmal hinter das Schlagzeug gesetzt. Nach der langen Zeit der Tatenlosigkeit hatte Joe plötzlich wieder neue Energien. Es war seine Idee gewesen, ins Studio zu gehen, und es war seine Idee, sich endlich ein eigenes Haus zu kaufen. Denny und er zogen los und sahen sich einige an, aber sie kauften dann doch keins.

Trotz Joes neuem Tatendrang erschienen die neun Songs jedoch nicht. Angeblich waren sie, bei nüchterner Betrachtung, doch nicht gut genug. Denny Cordell und Chris Stainton gerieten diesmal ein wenig aneinander. Joe hielt sich da völlig heraus, dennoch kann man annehmen, daß ihm die Streitereien zwischen seinen beiden besten Freunden nahegingen. Denny Cordell lag sich zu der Zeit mit allen in den Haaren: mit seinem Produktionspartner bei Straight Ahead und Essex Music und mit der Plattenfirma A&M. Schwierig war es für Joe auch zu akzeptieren, daß Denny weiterhin ein gutes Verhältnis zu Leon hatte. Mit diesem zusammen hatte er vor zwei Jahren, 1969, immerhin ein eigenes Plattenlabel, Shelter Records, gegründet und kümmerte sich deshalb jetzt auch viel um Leons Karriere.

Für die Öffentlichkeit blieb Joe weiterhin unauffindbar. Nach fast einjähriger Trennung war Joe wieder mit seiner alten Freundin Eileen Webster zusammen. Zu zweit fuhren die beiden in einem Ford Transit kreuz und quer durch England und Wales, ließen sich treiben, übernachteten im Schlafsack oder in billigen Kneipen.

THE MAGIC IS GONE

Ende Januar 1972 wurde die Presse von der Mitteilung überrascht, Joe probe mit einer neuen Band. In Amerika, Conneticut, hatte Chris ein paar Musiker zusammengetrommelt, und Joe war daraufhin hinübergeflogen.

Eigentlich hatte Chris die Band nur gegründet, weil er sich mit Joe keine weiteren Möglichkeiten ausrechnete. Ein ganzes Jahr hatte er damit verbracht, Joe zu ermuntern, dann gab er auf und flog nach Amerika, um auf eigene Faust weiterzumachen. Mit Gitarrist Glen Fernando Campbell, Alan Spenner, Neil Hubbard und Conrad Isadore an den Drums gründete er die Chris Stainton Band. Ihr Manager wurde der junge Engländer Nigel Thomas. Nur mit dem Gesang haperte es, denn Chris hatte natürlich ganz bestimmte Vorstellungen und Ansprüche. Entnervt wagte er schließlich einen letzten Versuch – und Joe kam!

Eine Tour wurde angekündigt, Proben fanden statt – und dann machte eine gerichtliche Verfügung all die hoffnungsvollen Pläne zunichte! Dee Anthony, der Joe durch die »Mad-Dogs«-

Tour fast zugrunde gerichtet hatte, hatte keine Skrupel, ihm bei seinem neuen Start einen hübschen Stein in den Weg zu legen. Joe, so stand es in dem Gerichtsbescheid, dürfe in Amerika nur dann auf Tour gehen, wenn diese von Dee Anthonys Firma Bandana gemanagt würde. Da das hier nicht der Fall sei, gebe es nur zwei Möglichkeiten: Joe könnte die Band und damit die Tournee aufgeben, oder er könnte sich aus dem Vertrag mit Anthony freikaufen.

Joe hatte von Anthony endgültig genug. Egal um welchen Preis, er wollte da heraus. Jahre später faßt er zusammen: »Es hat mich eine Stange Geld gekostet.«

Staintons Manager Nigel Thomas brachte ihn aus dem Vertrag mit Anthony heraus. Mit dessen Hilfe, A&M und mit seinem eigenen Geld kaufte Joe sich frei. Anthony sah den ›Fall Cocker‹ übrigens in einem ganz anderen Licht: »Joe umgibt sich mit Leuten, die seinen Geist vergiften. Wenn er zurückblicken würde, würde er die Menschen erkennen, die schon früher für ihn da waren und an ihn geglaubt haben, und nicht diesen geldgierigen Parasiten glauben, die sich jetzt an ihn hängen.«

Zuerst einmal wurde aber Anthonys eigene Geldgier befriedigt. Und Nigel Thomas übernahm Joes weiteres Management.

Geld war etwas, um das Joe sich überhaupt nicht kümmerte. Seine Ansicht: »Ich kenne genug Leute im Plattengeschäft, die Profis in Geldsachen sind. Da spielt es keine Rolle, daß ich selbst ein ziemlicher Amateur bin. Außerdem kommt man den Leuten immer auf die Schliche. Früher machte ich mir in dieser Richtung mehr Sorgen, als dies heute der Fall ist. Ich wollte immer gleich kassieren, was in diesem Geschäft natürlich eine absolute Unmöglichkeit ist. An der Amerikatournee haben wir nicht schlecht verdient.« Nach einer kleinen Generalprobe in Westport fand gleich das erste Konzert im komplett ausverkauften Medison Square Garden statt. Doch das Publikum wurde in seinen Erwartungen enttäuscht. Nicht daß Joe schlecht oder besinnungslos betrunken gewesen wäre, aber er stellte fast nur neue Songs vor, während das Publikum in erster Linie seine alten Hits hören wollte. »Woman To Woman« hatte er erst ein paar Tage zuvor geschrieben, aber »With A Little Help« spielte er nicht. Joe wollte keinen einzigen von den Songs spielen, die er auf der »Mad-Dogs«-Tour gesungen hatte. »Für mich gibt es nur noch eine Richtung: nach vorne.«

Die Tour tat Joe gut; je weiter sie fortschritt, desto besser fühlte er sich. Mittendrin wurde ein Teil der Musiker ausgetauscht: die Backgroundsängerinnen, ein weiterer Bläser, Jim Horn, kam hinzu, und Jim Keltner, der auch bei »Mad Dogs« dabeigewesen war, ersetzte Conrad Isadore. Die Tour wurde in Europa fortgesetzt, wiederum mit anderer Besetzung. Als zweiter Schlagzeuger war jetzt Alan White dabei. »Ich arbeite gern mit zwei Drummern«, erklärte Joe. »Am Anfang war es genau umgekehrt, doch jetzt habe ich mich daran gewöhnt. Wenn die beiden (also Jim Keltner und Alan White) über die Mikros spielen, und die ganze Sache läuft Stereo, dann klingt das unheimlich gut und kann zu einem Wahnsinns-Trip werden.«

Im Mai trat Joe auf zwei englischen Open-Air-Festivals auf: in Lincoln und im Crystal Palace in London. Diese ersten Heimatkonzerte standen unter keinem guten Stern. Zwar hatte Joe wieder ein paar alte Titel ins Programm aufgenommen und erneut die Besetzung geändert, doch dank der schlechten Organisation trat die Band mit enormer Verspätung auf, und das schlechte, kalte Wetter verdarb die Stimmung vollends. Es folgten Konzerte in Deutschland, Österreich, Frankreich, Holland und Italien. »Europa hat uns gutgetan, damals ist es wirklich wieder losgegangen«, fand Joe.

Als er Mitte August aus Europa zurückkehrte, machte er gleich mit Konzerten in Amerika weiter. Wieder waren sie mit dem Flugzeug unterwegs, wieder wurden einige Bandmitglieder ausgetauscht. »Es entstehen Reibereien, wenn Leute lange zusammen sind. Andererseits arbeite ich normalerweise lieber mit Leuten, die ich gut kenne.«

Joe erzählt vom Tourneeleben: »Ständig in Hotelzimmern herumzuhocken und in den Flimmerkasten zu starren macht mich nach einer Weile ziemlich nervös. Ich winke meistens ab, wenn die Leute Vorschläge wie ›ausgehen und die Stadt anschauen‹ machen. Es ist sowieso immer dasselbe Lied. Meistens landet man in irgendeiner Kneipe oder einem Club. Die alte Leier! Aus dem Koffer zu leben, von einem Hotelzimmer ins andere zu ziehen, das ist nicht unbedingt sehr zuträglich. Manchmal bin ich mir bewußt, daß ich mehr für meine Gesundheit tun sollte. Ich bin alt genug, in dieser Beziehung eine gewisse Vernunft aufzubringen. Wenn ich es unterlasse, übe ich mich richtiggehend in Selbstzerstörung.«

Viele der Konzerte waren aufgenommen worden, und zwei Live-Nummern landeten dann auch auf Joes nächstem Album.

Die restlichen Songs erschienen erst 1976 unter dem Titel »Live In L. A«, und wenn man sie hört, versteht man, weshalb sie damals nicht veröffentlicht wurden. »Dead In L. A.« schlug *Sounds* als treffenderen Titel für das Album vor, denn es präsentierte einen kaputten, müden Joe, der Probleme mit seiner Stimme hatte.

In Amerika kam die reguläre Veröffentlichung unter dem Titel »Joe Cocker« heraus (ohne das »!« der vorigen Studioplatte – sehr verwirrend), überall sonst hieß sie »Something To Say«. Zu sechs der zehn neuen Songs hatte Joe die Texte geschrieben, zum Beispiel zu »High Time We Went«, »Black-Eyed Blues«, »Something To Say« und »Woman To Woman«. »St. James Infirmary« zeigte am deutlichsten Joes Hinwendung zu einem etwas stärker Jazz-orientierten Stil. Die meisten Songs hatte Joe wie üblich mit Chris Stainton zusammen geschrieben, und sie waren größtenteils bei Proben oder während der Tour entstanden. »Das, was mich am meisten fasziniert, ist das gemeinsame Komponieren mit Mitmusikern. Ich fühle mich richtiggehend zu Hause, wenn ich mit Chris arbeiten kann. Er ist in der Lage, wichtige Trends und Veränderungen vorauszuahnen. Nicht jeder Musiker hat diese Fähigkeit. Mir selbst macht es unheimlich Mühe, mich ernsthaft zu konzentrieren und wirklich gute Songs auszubrüten. Am liebsten würde ich immer direkt im Studio komponieren, statt in einem stillen Kämmerchen. Aber das geht natürlich nicht, da stehen schließlich zehn bis zwanzig Techniker, die auf ihren Einsatz warten.«

Zu den Coverversionen gehörte »Midnight Rider« von Greg Allman und »Do Right Woman« von Aretha Franklin. Bei den Aufnahmen waren Alan Spenner, Jim Keltner, Chris Stainton, Neil Hubbard (Gitarre) dabei, außerdem ein Bläserensemble.

Sonderlich gut kam die Platte nicht an. »The Magic is gone«, lautete der allgemeine Tenor. Bemängelt wurde allgemein Cockers schlechte Stimme, die sich besonders bei »Do Right Woman« bemerkbar machte. Die Scheibe erreichte in den USA mühselig den 30. Platz in den Charts.

AUSTRALIEN – DROGEN

Am 9. Oktober 1972 flog Joe zum erstenmal nach Australien, um dort auf Tournee zu gehen. Die Australier hatten ihre Liebe zu Joe schon lange vorher bewiesen und ihm durch hohe Plattenverkäufe zwölf Goldene Schallplatten beschert. Joe hatte bereits drei ausverkaufte Konzerte in Neuseeland gegeben. In Sidney begann die Band mit vier Konzerten. Die australische Besetzung der Band sah folgendermaßen aus: an den Drums Jimmy Karstein und John Halsey, an den Percussions Felix Falcon, an der Gitarre Ollie Halsall, außerdem natürlich Chris Stainton. Bobby Keys und Jim Price stritten sich bereits in Neuseeland mit Nigel Thomas über die Gage und drehten, als sie sich nicht mit ihm einigen konnten, prompt um und flogen nach Amerika zurück.

In Adelaide begann Joe, auf einmal Schlagzeilen zu machen, allerdings nicht durch seine Musik: Am Morgen des 14. Oktober tauchten zwei Polizisten im Motel auf, durchsuchten Joes Zimmer – und fanden ein wenig Cannabis. Joe, seine fünf Musiker und sämtliche Frauen wurden verhaftet, verhört und gegen Kaution wieder freigelassen. Bereits zwei Tage später fand die Gerichtsverhandlung statt, wieder mußte eine Kaution bezahlt werden und schließlich eine Geldbuße von dreihundert australischen Dollars.

Als die Band nach Melbourne weiterflog, wurde sie dort kühl empfangen. Einige konservative Politiker nutzten Joes ›Panne‹, um auf seinem Rücken ihre Ideale durchzusetzen, denn es war Wahlkampfzeit. Sie forderten die Ausweisung von Joe, seiner Band und seinen Drogen. Joes chaotische Auftritte, bei denen er mit eingeknickten Knien, unrhythmisch gestikulierend, betrunken auf der Bühne herumzappelte, trugen wenig dazu bei, die Situation und seinen Ruf zu bessern. Schließlich schaltete sich die Einwanderungsbehörde ein. Am 19. Oktober kamen die Ausweisungsbescheide. Innerhalb von zwei Tagen mußten die Musiker Australien verlassen. Der Fall, von den Zeitungen breitgetreten, schien Australien in zwei Lager zu spalten. Sogar Jugendliche, die Karten zu seinen Konzerten hatten, fanden, man müsse Cocker ausweisen. »Jeder normale Australier, der unter diesen Umständen festgenommen würde, käme sofort ins Gefängnis.«

Joes Anwälte erhoben Einspruch gegen den Bescheid, versuchten, die Situation zu retten, während Joe alles nur noch schlimmer machte. Bei seinem Konzert in Melbourne trank er so lange, bis er torkelte und alles Verfügbare von der Bühne ins Publikum warf, einschließlich seiner

Schuhe und seines T-Shirts. Ins Motel zurückgekehrt, wurde er abermals verhaftet. Der betrunkene Joe flippte aus, und es gab ein Handgemenge. Die folgende Nacht verbrachte er im Gefängnis, stand am nächsten Tag vor Gericht und kam vorerst abermals auf Kaution frei. Die Band gab zwei weitere Konzerte, mußte die letzten drei dann aber ausfallen lassen. Am 22. 10. verließ Joe Australien und flog nach Los Angeles zurück. »Ich habe es nicht eilig in dieses Land zurückzukehren«, sagte er damals.

Eine Woche später flog er zurück nach England und ruhte sich eine Weile einfach nur aus. Er besuchte ein paar Konzerte, ansonsten hing er bei seinen Eltern oder seiner Freundin in London herum.

Am 13. Januar 1973 gab ein von den Drogen halbwegs entwöhnter Eric Clapton sein Comeback-Konzert im Londoner »Rainbow Theatre«. Zwei Jahre lang hatte er sich kaum aus dem Haus gewagt und war seiner Heroinsucht immer mehr erlegen. Nun wurde er auf der Bühne von Pete Townsend, Ron Wood und zwei Mitgliedern von Traffic unterstützt. Joe ging, neben anderen prominenten Gästen wie Elton John, George Harrison, Jimmy Page und Ringo Starr, um sich das Konzert anzusehen. Die positive Erfahrung, wieder auf der Bühne zu stehen und zu spielen, tat auch bei Clapton seine Wirkung, nachdem ein paar Jahre zuvor Joe sich auf ähnliche Weise aus dem Sumpf gezogen hatte.

Cocker wollte selbst im »Rainbow« spielen und

anschließend auf Skandinavien-Tournee gehen. Doch kurz davor eröffnete ihm sein langjähriger Freund und Kollege Chris Stainton, daß er aussteigen wolle. Joe fühlte sich, als hätte man ihm den Boden unter den Füßen weggezogen. Chris war sein bester Freund, mit ihm schrieb er seine Lieder, er machte die Arrangements und brachte sie der Band nahe. Mit Chris diskutierte er Pläne und Ideen, mit ihm verbrachte er die meiste Zeit, so daß manche Leute schon über die »Ehe, vollzogen mit Blut, Schweiß und Soul« spotteten. Und dieser Chris wollte jetzt nicht mehr mit ihm durch die Welt ziehen! Es gab verschiedene Gründe: Chris wollte ein eigenes Studio bauen, seine Frau wollte ihn zu Hause haben, er hatte die Rumreiserei satt. Welcher Grund letztendlich ausschlaggebend war, läßt sich heute nicht mehr sagen. Der Musik blieb Chris auf die Dauer jedenfalls dennoch treu. Als Sessionmusiker begleitete er Elkie Brooks, und 1979 stieg er bei Eric Clapton ein.

Da nun sowieso eine Veränderung anstand, beschloß Joe, sich bei der Gelegenheit gleich von seinem Manager Nigel Thomas zu trennen. »Ich steckte damals in einer Phase, in der ich völlig am Arsch war. Und ich wollte unbedingt raus aus dem Vertrag mit Nigel Thomas. ›Das kostet dich aber was‹, sagte er. ›Ist mir egal‹, sagte ich, ›du kannst haben, was du willst – ich will nur raus.‹« Nigel wollte 400000 Dollar, »und ich Idiot hab' sie ihm gegeben.«

Nigel sieht die Sache anders. Er hatte für Joe

Seine Stimme veredelt jeden Song, den er interpretiert. Joe Cocker ist eine lebende Rock-Legende, DER weiße Blues-Sänger schlechthin.

Links: *1988 erhielt Cocker die begehrte »Goldene Schallplatte« für seine LP »Unchain My Heart«.*

Unten: *Joe Cocker in voller Aktion – mit Liedern, die unter die Haut gehen.*

Oben: *Eine kleine Sensation: Joe Cocker mit seinem musikalischen Vater Ray Charles gemeinsam auf der Bühne (1985 im Stadtpark von Hannover).*

Unten: *Joe Cocker 1987 bei einem Konzert im Hamburger Volksparkstadion.*

Beim zweiten Motorrad-Rockfestival im August 1986 auf der Loreley war auch Joe Cocker mit von der Partie: stark wie immer.

Rechts: *1987, kurz nach seiner Heirat mit Pamela, stellte Cocker seine LP »Unchain My Heart« auch in Deutschland auf einer Tournee vor.*

Unten: *Mit Charly Niedecken von BAP verbindet Joe Cocker eine herzliche Freundschaft. Beim legendären »Konzert für Berlin« 1989 traten sie zusammen mit anderen deutschen Gruppen und Musikern auf.*

Oben: *1992 erschien die LP »Night Calls«, welche in den Charts ganz nach oben kam.*

Unten: *Auf seiner Tournee mit »Night Calls« war er 1992 auch zwanzigmal in Deutschland zu Gast.*

Das Auf und Ab seiner Karriere ist nicht ohne Spuren geblieben. Doch seine Herzlichkeit und Wärme hat er sich immer bewahrt: ein Superstar zum Anfassen.

Oben: *Ein verlorener Sohn kehrt zurück: Joe Cocker in Sheffield.*

Unten: *Nach dem Konzert in der Münchner Olympiahalle im Februar 1992 genießen Joe Cocker und Ehefrau Pamela bayerische Lebensart. Die Tournee wurde ein voller Erfolg.*

einen neuen Plattenvertrag direkt mit A&M ausgehandelt und Studiotermine arrangiert, die es Joe ermöglichten, mit vielen seiner Idole zu arbeiten. Angefangen beim Produzenten Bob Johnston, der bereits mit Aretha Franklin und Bob Dylan gearbeitet hatte, bis zu den Stape Singers.

Aber Joe hatte fürchterlichen Krach mit seiner Freundin Eileen – und er hatte mit Heroin angefangen! »Es gab für mich nichts Wichtigeres, als den Stoff zu besorgen, etwas anderes interessierte mich nicht.« Nigel störte ihn in dieser Phase, denn er versuchte, ihn dazu zu bewegen, endlich nach Amerika zu fahren.

Der Studiotermin war schon einmal verschoben worden, und die Zeit drängte. Die 400000 Dollar waren der gesamte Vorschuß aus dem neuen A&M-Vertrag und Nigels rechtmäßige Provision für die von ihm ausgehandelten Verträge.

»Joe war so verwirrt, er hätte alles hergegeben, was er besaß«, erinnert sich Nigels Buchhalter. »Er war in unglaublich schlechter Verfassung und einfach davon überzeugt, Nigel loswerden zu müssen. Er kam mir vor wie eine Dampflokomotive, die schnurstracks auf eine Klippe zuraste und die keiner mehr aufhalten konnte.«

»Ich war damals wohl etwas bescheuert«, gab Joe 1987 in einem Interview zu. »Es war einfach meine eigene Dummheit.«

Kaum hatte er sich von Nigel getrennt, verschwand Joe in der Versenkung. Die Band löste sich auf.

Und Joe machte dort weiter, wo er vor der Tournee aufgehört hatte. Er hing rum und versank in einem Nebel aus Drogen und Alkohol. Er lebte in der Wohnung seiner Freundin Eileen, die kaum besser dran war als er. Aber Joe war sich, nach anfänglicher Euphorie, seiner Misere bewußt, und im Juni fuhren er und Eileen nach Cornwall, um zu entziehen. Sie mieteten ein kleines Häuschen und entzogen auf eigene Faust, ohne fremde Hilfe und ohne Medikamente. »Ich bin ziemlich stolz darauf, daß ich davon losgekommen bin, denn Heroin ist etwas Fürchterliches. Ich habe einfach damit aufgehört. Ich habe gelitten und all diese grauenvollen Gefühle durchgemacht, bin alle fünf Minuten auf die Toilette gegangen«, erinnert Joe sich über zehn Jahre später. »Ich verstand, welches Spiel diese Typen mit mir trieben. Jedesmal sagten sie, es sei nichts aufzutreiben, und wenn es dann doch etwas gab, war es doppelt so teuer wie vorher. Trotzdem war es damals noch längst nicht so teuer wie heute. Gott sei Dank gab es Crack damals noch nicht. Ich habe das Zeug nie probiert, denn das scheint ja die schlimmste Droge der Welt zu sein.«

Nach dem Entzug ging Joe zu seinen Eltern nach Sheffield. Er selbst besaß immer noch weder eine eigene Wohnung noch ein Haus. Wenn er nicht auf Tournee war, war er immer auf jemand anderen angewiesen, der ihn bei sich unterschlüpfen ließ.

EIN BISSCHEN REGEN

Zu Hause schöpfte Joe neue Kraft und schmiedete endlich neue Pläne. Er wollte wieder eine Scheibe aufnehmen. Alle seine Platten hatte Joe bis dahin mit Denny Cordell gemacht, doch in der langen Pause nach seiner letzten Platte war Denny eigene Wege gegangen. Gemeinsam mit Leon Russell hatte er in Amerika die Plattenfirma Shelter Records aufgebaut, und Joe war immer noch bei A&M unter Vertrag. Da Joe gerade auf einem extrem schizophrenen Trip war, was seine geschäftlichen Aktionen anging, war er der Meinung, auch Denny, mit dem er seit seinen frühesten Anfangstagen zusammenarbeitete, würde ihm unrechtmäßig viel Geld abknöpfen. Die beiden langjährigen Freunde und Geschäftspartner trennten sich.

Und so produzierte sein ehemaliger Bläser Jim Price, der auch auf der »Mad-Dogs-and-Englishmen«-Tour dabeigewesen war, Cockers nächstes Album. Der erste Song, den sie gemeinsam aufnahmen, stammte von dem schwarzen Keyboarder Billy Preston. Der 1946 in Texas geborene Billy, ein guter Freund von George Harrison, war der erste Gastmusiker, der bei einem Beatles-Album, sozusagen als fünfter Beatle, gleich bei mehreren Songs mitspielte, nämlich auf »Let It Be«. In den gleichnamigen Film ist er ebenfalls zu sehen. Bereits als Teenager hatte er Mahalia Jackson begleitet, war 1962 mit Little Richard durch Europa getourt und hatte sogar Ray Charles mit seiner perfekten Technik beeindruckt. Seit 1969 war er beim Beatles-Label Apple unter Vertrag, auf dem er zwei Alben veröffentlicht hatte. Der Song, den er für Joe geschrieben hatte, hieß »You Are So Beautiful« und wurde der zweite Klassiker für Cocker.

Im November 1973 betrat Joe zum ersten Mal nach langer Zeit wieder ein Studio. Mit dabei waren Gitarrist Henry McCullough, der zu dieser Zeit noch bei Paul McCartneys Wings spielte, Bassist Chris Stewart und Drummer Jimmy Karstein. Produzent Jim Price unterstützte die Aufnahmen an Klavier und Orgel.

Die ersten beiden Songs, die im Studio entstanden, waren »I Can Stand A Little Rain« von Jim Price und »Jamaica Say You Will«. Es folgten zwei Stücke von Jim Webb, »It's A Sin When You Love Somebody« und »The Moon Is A Harsh Mistress«, der bei diesen auch am Klavier saß. Henry McCullough steuerte »Sing Me A Song« bei und Daniel Moore, der auch bei der Mad-Dogs-Eskapade dabeigewesen war, »Put Out The Light«. Von Harry Nilsson coverte Joe »Don't Forget Me« und von Randy Newman »Guilty«, wobei dieser auch Klavier spielte. Von Allen Toussaint, der später einmal eine Platte von Joe produzieren sollte, kam »Performance«. Bei »You Are So Beautiful« saß Nicky Hopkins, der seit 1970 auf fast allen Stones-LPs den Keyboard-Sound beisteuerte, am Klavier. Auch wenn ein Kritiker später urteilte, man hätte lieber Alt-Rocker Jerry Lee Lewis bei diesem Song ranlassen sollen, ergänzte Nicky den Song perfekt.

Joe selbst schrieb zu diesem Zeitpunkt keine Songs mehr. In Chris Stainton hatte er damals einen idealen Partner gehabt; ohne ihn klappte das Komponieren nicht mehr. »In meinem Kopf geht nun mal alles recht einfach und bescheiden zu. Viel mehr als vier oder fünf Akkorde habe ich nicht drauf. Wenn du nur singst und kein Instrument spielst, was kannst du dann schon? Es ist schwierig, einem Haufen von Musikern klarzumachen, was du willst. Du hast die Ideen halt nur in einem Zipfelchen von deinem Kopf. Komponieren bereitet mir sehr viel Mühe.«

Die Songs wurden nicht in einem Londoner Studio aufgenommen, sondern an historischen Orten in England, wie in Woburn Abbey oder in einem alten Schloß in Wales. Dann geschah erst einmal lange nichts. Irgendwann flog die Band nach Los Angeles und nahm mit einigen der besten dortigen Sessionmusikern ein paar weitere Songs auf, von denen jedoch nur einer, die Cocker/Price-Komposition »I Get Mad«, auf dem Album landete. A&M-Chef Jerry Moss bewunderte die Geduld der Musiker und die Sensibilität von Produzent Jim Price, der einen meist betrunkenen Cocker, der oft seinen Text vergaß und einmal einfach unter dem Klavier einschlief, dennoch zu Höchstleistungen anspornen konnte.

Unter dem Titel »I Can Stand A Little Rain« erschien die Platte im Sommer 1974 in Amerika und kletterte bis November auf den 11. Platz der LP-Charts. Um die Platte den Journalisten vorzustellen, gab Joe im Juni 1974 im »Roxy Theatre« in L. A. ein Konzert. Joe hatte vorher eine Woche ausgespannt, aber zum Konzert kam er trotzdem so betrunken, daß es abgebrochen werden mußte. Joe hatte schon oft in betrunkenem Zustand gesungen, aber diesmal stolperte er zum erstenmal völlig verwirrt auf der Bühne herum und konnte sich an keine einzige Textzeile erinnern.

Dennoch waren einige Kritiker beeindruckt, als die Platte erschien. *Nach einer zweijährigen Pause ist Joe Cocker zurück und singt so gut wie nie (...) Die kraftvolle, bluesige Stimme ist besser denn je,* schrieb *Billboard.* Andere Magazine wie der *Rolling Stone* stellten fest: *Es ist eine Platte über Leid und Verfall, die die grausam angeschlagene Verfassung Cockers ausdrückt.* Und das deutsche *Sounds* urteilte: *An die Nieren gehende Dokumentation von Sängerdepression.*

In England und Deutschland wurde zuerst »Put Out The Light« ausgekoppelt, in Amerika im Dezember »You Are So Beautiful«, das bis März 1975 auf Platz fünf kletterte.

Anschließend beschloß Joe, auf Tournee zu gehen. Er trommelte Henry McCullough, Keyboarder Mick Weaver, Drummer Jimmy Karstein und Bassist Buffalo Gelber zusammen. In Los Angeles hatte Joe den Manager Reg Lock kennengelernt, einen ehemaligen Roadie, der sich in erster Linie um den Stargitarristen Albert Lee kümmerte. Nun übernahm er auch Joes Management.

Die Gruppe mietete ein großes Haus, um dort mit den Proben zu beginnen, »aber daß alle zur gleichen Zeit nüchtern waren, schien unmöglich«. Die Band saß nur herum, soff und sprang in den Swimmingpool. Sie versuchten zu reiten, wovon Henry mit kaputter Schulter und Joe mit verstauchtem Handgelenk zurückkehrte. Mick fuhr einen Wagen zu Schrott, der ausbrannte, Jimmy versuchte vom Hausdach in den Pool zu springen und brach sich den Arm, Henry stritt sich ständig mit Joe, meist allerdings nur im Spaß. Die beiden verschwanden irgendwann, als sie vom unproduktiven Herumsitzen die Nase voll hatten, und Reg Lock schleppte als Ersatz Albert Lee und dessen Drummer Pete Gavin an. Auch Buffalo Gelber hatte irgendwann keine Lust mehr und wurde durch Andy Denno ersetzt. Mit den neuen Leuten kamen die Proben endlich in Gang, und im August begann in El Paso die Tournee. Sechs Wochen lang spielte die Band in den USA und Kanada, und nach einer kurzen Pause gab es eine zweite Runde.

An Joes Bühnenauftritten hatte sich in den letzten Jahren wenig geändert: *Er torkelt wie ein alter Trinker und ist nur noch ein Schatten seines früheren Selbst. Diese einst so große Stimme, die Tausende erschauern ließ, scheint (...) ziemlich gelitten zu haben,* schrieb der *Melody Maker.*

Joe hatte sein Image als torkelnder Alkoholiker weg, und viele Leute kamen, nachdem sie von den Skandalen gehört hatten, sicher auch deswegen zu den Konzerten. Oft verließ Joe kurz die Bühne, übergab sich und sang dann weiter. Er absolvierte die Tour ohne Ausfälle, erhielt aber sehr schlechte Kritiken. Im »Troubadour« in Los Angeles brach er schließlich volltrunken auf der Bühne zusammen.

Im April 1975 erschien Joes nächstes Album, der größte Teil der Songs stammte aus den Aufnahmen zu »I Can Stand A Little Rain« aus dem Frühjahr 1974. Viele der Songs kamen damals nicht auf das Album und wurden jetzt zu einer neuen Scheibe zusammengestellt. Die schwarzen Session-Musiker um Richard Tee aus Atlanta, mit denen Joe damals ein paar tolle Aufnahmen gemacht hatte, waren bei den meisten Songs als Begleitband dabei. Richard Tee war ein an der New York High School of Music and Art ausgebildeter Keyboarder. Gemeinsam mit Gitarrist Cornell Dupree, Bassist Gordon Edwards, Gitarrist Eric Gale und Drummer Steve Gadd nannte er sich Stuff. Die Band agierte als Joes Begleitgruppe, nahm später aber auch unter diesem Namen drei eigene Platten auf, die allerdings eher im Jazz/Funk-Bereich angesiedelt waren.

Sie waren hervorragende Musiker und absolute Profis. Joe arbeitete gerne mit ihnen zusammen: »Es ist schon was Besonderes, wenn du mit schwarzen Musikern arbeitest – fast wie eine Prüfung. Aber sie nahmen mich ernst, ich war für sie nicht bloß ein Weißer.« Sie nannten das Album »Jamaica Say You Will«. Das war der erste Song, geschrieben von Jackson Browne, gewesen, den sie bei den damaligen Sessions vor anderthalb Jahren aufgenommen hatten. Matthew Moore schrieb zwei Stücke, »That's What I Like In My Woman« und »Forgive Me Now«, ebenso wie sein Bruder Daniel, »Jack O'Diamonds« und »If I Love You«. Von Randy Newman coverte Joe zwei Titel, »I Think It's Going To Rain Today« und »Lucinda«. Jim Price schrieb »O Mama« und Jesse Ed Davis »Where Am I Now«. Den Kritikern fiel vor allem die mangelnde Originalität auf: »Wenn man sich zurückerinnert, wie drastisch Joes Coverversionen bei seinen frühen Songs wie ›With A Little Help...‹, ›Just Like A Woman‹, ›Darling Be Home Soon‹ oder ›Bird On The Wire‹ vom Original abwichen, so zwangen sie einen förmlich dazu, diese Songs noch einmal ganz neu zu hören. Wenn man den besten Cut dieses Albums, nämlich ›Lucinda‹, jetzt mit Randy Newmans Vorgabe vergleicht, sind Arrangement und Stimme fast identisch. Das ist der springende Punkt!« Das Album erreichte den 42. Platz in den amerikanischen Hitparaden.

Für die darauffolgende Tournee entschloß sich Joe, ausgerechnet nach Australien zu gehen, wo er damals so viele Schwierigkeiten gehabt hatte. Die Gründe dafür waren allerdings rein wirtschaftlicher Natur. Kein amerikanischer Veranstalter wollte Joe noch nach den wenig erfolgreichen letzten Tourneen buchen. Und da es in Australien einen Regierungswechsel gegeben hatte, schien es ein ungefährliches Unterfangen zu sein.

Am 18. Februar 1975 kam Joe mit einigen der Musikern, die bei seinem letzten Album mitgewirkt hatten, in Australien an. Mit dabei waren natürlich Richard Tee und seine Truppe. Außerdem kamen Albert Lee und Pete Gavin mit, und Joes alter Kumpel aus Grease-Band-Zeiten, Kenny Slade, den Joe an Weihnachten in Sheffield getroffen hatte, hatte sich ebenfalls überreden lassen und kam als Percussionist mit. Joe spielte in Brisbane, Melbourne, Adelaide und zweimal in Sydney. Die Tour ging ohne Zwischenfälle über die Bühne. Anschließend flog die Band noch zu einem Abstecher nach Neuseeland und kehrte dann über Hawaii nach Amerika zurück.

1975 sollte für Joe ein arbeitsreiches Jahr werden. Zunächst einmal beteiligte er sich an einer außergewöhnlichen Armee-Aktion: Zur Feier des 200jährigen Bestehens hatte die US-Army eine besondere Art der Truppenunterhaltung geplant. Unter dem Titel »Music – you're my mother« sollten die Gruppen Pure Prairie, League Rufus, Earl Scruggs und eben Joe von Kaserne zu Kaserne ziehen. Das erste Konzert fand am 22. Mai in Fort Campbell, Kentucky, statt. Obwohl 17000 Besucher erschienen, um die relativ unbekannten Gruppen zu sehen, war dies auch das letzte Konzert dieser Tournee. Es hätten noch weit mehr Besucher kommen müssen, damit das Unternehmen rentabel gewesen wäre.

Mitte des Jahres ging Joe wieder ins Studio. Als Aufnahmeort für die neue Platte suchte er sich diesmal Jamaica aus, und die meisten Mitglieder der momentanen Band folgten ihm dorthin. Die entspannte Atmosphäre im sonnigen Jamaica kam dann auch in den Songs durch. Das Album bekam den Titel »Sting Ray«. Mit Richard Tee zusammen schrieb John nach langer Zeit wieder eine eigene Komposition: »Born Thru' Indifference«. Matthew Moore komponierte drei Stücke; auf einem davon gab Eric Clapton ein Gitarrengastspiel, Bobby Charles steuerte »The Jealous Kind« und »You Came Along« bei und George Clinton »She's My Lady«. Wie in alten Zeiten landeten auch wieder zwei Bob-Dylan-Coverversionen auf dem Album: »The Man In Me« mit leichtem Reggae-Touch, für den Arrangeur Peter Tosh verantwortlich war, und eine Nummer, die Dylan selbst nie auf eine Platte gebracht hatte, »Catfish«, und die von vielen Kritikern als Höhepunkt betrachtet wurde. Außerdem wurden besonders die funkigen Stuff mit viel Lob bedacht.

Auf der Platte war Joes Stimme wieder voll da, aber durch zu viele Skandale war sein Stern trotzdem am Sinken. Die Plattenfirma mochte die neue Platte überhaupt nicht, die Kritiker bezeichneten sie als »Solide, gut, aber nicht überwältigend«, und die Verkäufe brachten sie nur auf Platz 70 der Charts in Amerika.

Die LP erschien im Mai 1976, und gleich darauf trat Joe zu seiner nächsten Tournee an. »Das Beste, was Joe Cocker machen könnte, wäre ein Jahr Urlaub auf einer Gesundheitsfarm«, lautete der Ratschlag der Kritiker. Denn trotz seiner hervorragenden, eingespielten Begleitband kam in den Konzerten keine Power rüber. *Cockers Stimme ist hin!* konstatierte der *Rolling Stone* gnadenlos. *Er krächzt nach Tönen, die er früher mühelos traf. Er vergewaltigt Textzeilen, bis sie unverständlich werden. Er nähert sich niemals dem Bühnenrand, er stolpert auch nicht über Monitor oder Mikroständer. Bezeichnend für Cockers Zustand ist, daß derartige Dinge bereits als positiv wahrgenommen werden – als Beweis, daß er sich noch zusammenreißen kann. Aber dennoch tut er sich schwer, ist manchmal mitleiderregend, und er bewältigt die Songs wie in einem Trance-Zustand.*

Der einzige, der Joe und die Tour vor dem Debakel rettete, war Richard Tee. Er übernahm auf der Tournee die Leitung, ohne dabei aber so beherrschend und egozentrisch wie Leon Russell das Kommando an sich zu reißen. Sensibel unterstützte er Joe und brach auch mal einen Song ab, wenn Joe mit einer Textzeile kämpfte.

Nach der Tournee hatte Joe wieder einmal die für ihn typischen Probleme. Die Platte verkaufte sich schlecht, er konnte die Musiker nicht mehr bezahlen, er trank zuviel und hatte sich mal wieder mit seinem Manager, Reg Lock, überworfen. Diesmal war der Grund allerdings nicht, daß Reg ihn betrog, sondern daß er in Joes Augen nicht genug für ihn tat. Schon bei ihrem ersten Treffen hatte Joe festgestellt, daß Reg ganz anders war als die meisten Managertypen, die er kannte, und er hatte das als sehr angenehm empfunden. Der Nachteil daran aber war, daß Reg der nötige Biß, die Härte und die Ellbogen fehlten, um sich in dem Dschungel des Musikbusiness durchzusetzen.

Am 2. Oktober trat Joe in der amerikanischen Comedy-TV-Show »Saturday Night Live« auf. Mit dabei war Komiker John Belushi (die eine Hälfte der Blues Brothers), der bei der zweiten Strophe von »Feelin' Alright« auf die Bühne kam und eine himmelschreiende, übertrieben spastische Parodie auf Joes Gesangsstil und seine Art, sich zu bewegen, brachte. Anfangs hatte Joe diesem Unterfangen sehr skeptisch gegenübergestanden, aber »meine Band mag ihn«. Nicht nur diese – das Publikum tobte, und die Belushi/Cocker-Nummer wurde zu einem Klassiker, den das Fernsehen immer wieder gerne wiederholte.

Zu Weihnachten fuhr Joe wie üblich nach Sheffield, wo er mit einigen alten Kumpels in den Clubs jammte. Ein Veranstalter sah ihn und verpflichtete ihn prompt, und so kam es, daß Joe zum erstenmal nach über vier Jahren wieder einmal ein Konzert in England gab.

LANGSAM, ABER STETIG: DAS COMEBACK

Joes Vertrag mit A&M war mit der letzten LP »Sting Ray« erfüllt, und A&M zeigte kein Interesse, ihn zu verlängern. Nach acht harten und sehr wechselhaften Jahren hatte Joe jetzt das verloren, wofür er als Jugendlicher immer so gekämpft hatte, was einem Musiker, außer ständigen Auftritten, eine regelmäßige Geldquelle und Sicherheit bescherte: einen Plattenvertrag. Sieben Scheiben hatte er bis dahin veröffentlicht, unzählige Konzerte in der ganzen Welt gegeben, die Charts erobert und die Titelseiten besetzt – und zurück blieb er mit leeren Händen.

Joe tauchte mal wieder ab. Aber sein Anwalt Michael Rosenfeld ließ ihn nicht so einfach in Verzweiflung ertrinken. Er hatte früher bereits für Keith Moon die Bücher geführt und kannte sich mit Typen wie Joe aus. Er zahlte regelmäßig Joes Miete, gab ihm etwas Taschengeld, sorgte dafür, daß der Rest des Geldes direkt an seine Schuldner floß, und er »paßt auf, daß ich nicht wieder übers Ohr gehauen werde«, sagte Joe.

Rosenfeld stöberte in der Vergangenheit herum und stieß auf einen Namen, der vielversprechend schien: Michael Lang. Vor sieben Jahren hatte der damals erst 22 Jahre alte Lang das gigantische Woodstock-Festival organisiert, jetzt beschäftigte er sich gerade damit, ein Jazzfestival in Südfrankreich auf die Beine zu stellen. Obwohl sein Leben etwas ruhiger geworden war, hatte er nie den Kontakt zum Musikgeschäft verloren und erst ein halbes Jahr zuvor einen jungen, stimmgewaltigen Pianisten unter Vertrag genommen: Billy Joel. Joe hatte mit Jazz zwar nichts am Hut, aber Rosenfeld brachte es fertig, Lang zu überzeugen, ihn beim Festival auftreten zu lassen. Schließlich war Lang damals von Joe total begeistert gewesen. Jetzt stellte er zwar fest, daß Joe in schlechter Verfassung war, aber er sagte zu. »Es ging ihm nicht gut. Er trank Unmengen und kotzte auf der Bühne.« Auch dafür war Joe in den letzten Jahren ›berühmt‹ geworden. Rosenfeld ging noch einen Schritt weiter: Er fragte Lang, ob er Interesse daran hätte, Joe zu managen, doch Lang lehnte ab.

Joe gab zwar ab und zu Konzerte, glitt jedoch immer mehr in Richtung Abgrund. Er mietete ein Haus in der Nähe von Hollywood, L. A., doch mit ihm zogen jede Menge Schmarotzer ein, Leute, die seine Gutmütigkeit ausnützten, die von ihm lebten, in seinen Zimmern hausten, seine Kühlschränke leerten, sein Klavier aus dem Haus schleppten, während Joe hoffnungslos betrunken durch die Gänge torkelte.

Ein dreiviertel Jahr später, im Frühjahr 1977, rief Michael Lang noch einmal an. Rosenfelds Vorschlag war ihm nicht mehr aus dem Kopf gegangen, und er hatte sich ein paar Gedanken dazu gemacht. »Hör zu, wenn du es wirklich willst, wenn du wirklich wieder hochkommen und es schaffen willst, deine Sache in den Griff zu kriegen – dann bin ich bereit, es mit dir zu machen.« Lang war jung und dynamisch und in erster Linie geschockt von dem Verfall, den er bei Joe beobachtet hatte. Und von den ganzen Schmarotzern, die von ihm lebten. »Es war unfaßbar!« stellte er nach einem Besuch entsetzt fest. »So viele Leute lebten von ihm! Das Leben in diesem Haus war irgendwie unheimlich.«

Als Michael Joes Management übernahm, hatte er zwei wesentliche Probleme zu bewältigen: zuerst einmal Joes horrende Schulden – er schuldete seiner Plattenfirma A&M 800000 Dollar – und die Tatsache, daß kein Veranstalter Lust hatte, einen unzuverlässigen Alkoholiker für Konzerte zu buchen.

Bei der Plattenfirma hatte Michael Lang Glück. Joe hatte immer ein sehr gutes und sehr persönliches Verhältnis zu A&M-Boß Jerry Moss gehabt, und Jerry war bereit, auf den größten Teil des Geldes zu verzichten. Eigentlich hatte Jerry Joe und das Geld nämlich schon längst abgeschrieben und war mit einer geringen Ablösesumme zufrieden.

Schwieriger wurde die Sache schon bei den Konzertveranstaltern. Joe mußte sie wieder von sich und seiner Glaubwürdigkeit überzeugen, und das war ein schweres Stück Arbeit, nachdem er jahrelang alles getan hatte, um eben das gründlich zu zerstören. Michael versuchte, Joe dazu zu bringen, nicht mehr betrunken auf die Bühne zu gehen. Ein Ding der Unmöglichkeit bei einem Mann, der jeden Tag mit einer Flasche Whisky begann. Aber wenigstens gab Joe sich Mühe, nicht mehr direkt vor oder während des Auftritts zu trinken. Seines Problems war er sich schon lange bewußt: »Es muß nicht sein, aber ich bin ja so ein Idiot, der sich nach jedem Gig immer bis obenhin vollaufen lassen muß.«

Michael Lang sah Australien als ideales Versuchsterrain an. Er fand in Amerika eine ordentliche Rockgruppe, die American Standard Band, die mit Joe auf Tour gehen würde. Dazu holte er zwei alte Freunde, Nicky Hopkins und Bobby Keys. Keine ganz ungefährliche Sache, denn Nickys Alkoholkonsum stand Joes keineswegs nach. Gewöhnlich kippte er Valium mit Whisky herunter, bis er fast völlig weggetreten war.

Gemeinsam starteten sie durch. Die junge Band war von Cocker beeindruckt und auch etwas geschockt. Cocker war spektakulär, und sie sahen bei ihm Dinge, die sie nie zuvor erlebt hatten. Mitte Juni 1977 kamen Joe und seine Band in Auckland an. *The Return of the Mad Dog,* warnte die Presse. In Hamilton, Neuseeland, gaben sie ihr erstes Konzert vor einem begeisterten Publikum, das Joe nur ungern von der Bühne lassen wollte. Nach insgesamt fünf Konzerten in Neuseeland machten sie eine Woche Pause auf der wundervollen kleinen und völlig abgeschiedenen Insel Great Kepple Island, bevor sie nach Australien weiterreisten.

Joe riß sich auf der ganzen Tour enorm zusammen. Er wußte, was auf dem Spiel stand und daß Australien mehr oder weniger das einzige Land war, in dem er überhaupt noch auftreten konnte. Er überstand die vierzehn Konzerte ohne Zwischenfälle.

Als nächstes hatten Michael und er sich Südamerika vorgenommen. Brasilien, Argentinien, Mexiko und Venezuela standen auf dem Programm. Nach Venezuela kam Joe allerdings nicht mehr, doch das war nicht sein Fehler. Der Veranstalter in Mexiko hatte die Flugtickets verschlampt, und so flog die einzige direkte Maschine nach Caracas ohne die Band. Um zu dem Konzerttermin noch rechtzeitig dort zu sein, nahmen die Musiker eine Maschine in die USA, um von dort nach Venezuela weiterzufliegen. Da Joe als britischer Staatsbürger dazu aber ein Visum benötigt hätte, wurde er bei der Ankunft in Texas verhaftet. Am nächsten Tag wurde er nach Mexiko zurückgeschickt, besorgte sich das Visum und kehrte nach Hause, nach Los Angeles, zurück.

Dort hatte Michael Lang eine ganz besondere Überraschung für ihn: einen Plattenvertrag! Während der Australientournee hatte er sich für drei Tage nach L. A. abgesetzt und dort den Handel mit Elektra/Asylum abgeschlossen. Er hatte von Joes Australien-Konzerten einige Aufnahmen gemacht, die die Plattenbosse überzeugt hatten, so daß sie sich auf das Wagnis einließen.

Da Joe nicht mehr mit Denny zusammenarbeiten wollte, suchte Lang nach einem anderen guten Produzenten und geriet dabei ausgerechnet an den Disco-Funk-Altmeister Allen Toussaint aus New Orleans. Mit Stuff begab Joe sich ins Studio und nahm am ersten Tag gleich drei Songs auf, darunter die Toussaint-Komposition »Fun Time«. Die Single erreichte nach Veröffentlichung immerhin den 43. Platz in den US-Charts.

Wie fast immer bei Joe landete wieder einmal ein Bob-Dylan-Song auf dem Album: »Watching The River Flow«. Phil Driscoll schrieb drei Songs. Als Gastmusiker kam diesmal Dr. John für zwei Songs vorbei, er wirkte bei »What You Did To Me Last Night« und »Southern Lady« mit, und Billy Preston orgelte bei Joes Version des Procul-Harum-Klassikers »A Whiter Shade Of Pale« und dem Marvin-Gaye-Stück »I Heard It Through The Grapevine«. Diese beiden Nummern waren – ebenso wie »I Know (You Don't Want Me No More)« – nur auf Drängen der Plattenfirma dazugekommen.

»Ich bin mit den zehn fertigen Tracks zu ihnen gekommen, und sie sagten: ›Prima, Joe, wir stehen drauf. Aber ein paar Tracks möchten wir auswechseln.‹ Ich hab' gar nicht verstanden, warum und wieso. Einer war ›Sweet Forgiveness‹, den Bonnie Raitt gesungen hat, ein anderer stammte von meinen Produzenten Allen Toussaint. Die Plattenfirmenleute hatten ihre eigenen Vorstellungen von dem, was ich singen sollte. Letztendlich habe ich einen Kompromiß geschlossen. ›I Heard It Through The Grapevine‹ habe ich auf die Platte genommen – und mein Manager Michael Lang meinte, ich sollte noch ›A Whiter Shade Of Pale‹ dazunehmen. Aus Frustration und auch, um ihnen zu beweisen, daß ich alles singen kann, habe ich's dann gemacht.« Und er bewies es. *So eindrucksvoll hat ›A Whiter Shade...‹ noch nie geklungen,* fand das Fachmagazin *Audio.*

Joe war damit weniger glücklich: »Solche Kompromisse sind schlecht für mich. Das Ganze ist mir damals wirklich so an die Nieren gegangen, daß es mir für ein paar Wochen sehr drekkig ging. Die Plattenfirma wollte natürlich ein Hit-Album. Gut. Aber beim nächsten Album werde ich die Songs sehr überlegt auswählen. Und wenn sie es dann nicht mögen, steige ich eben wieder aus. Die Kontinuität meines Stils geht vor die Hunde, und mein Publikum erwartet etwas anderes von mir«, erzählte Joe im *Sounds* 3/79.

Natürlich wurden nach dem Erscheinen von »Luxury You Can Afford« Vorwürfe laut, Cocker habe sich an den Kommerz verkauft. »Verdammt noch mal, so kommerzielle Musik mache ich doch nun auch wieder nicht! Als Henry McCullough mir neulich vorwarf, ich würde mich verkaufen, hat er mir fast das Herz gebrochen. Das habe ich nicht verdient. Natürlich versuche ich, mich an die veränderte Situation anzupassen. ›Fun Time‹ klingt sehr nach Disko. Na und? Ich verirre mich doch selbst ab und zu an diese Orte. A groove is a groove.«

Wer in den LP-Titel »Luxury You Can Afford« einen tieferen Sinn hineininterpretierte, den mußte Joe korrigieren: »Es ist komisch mit diesem Titel. Ich erinnere mich, wie Michael, mein Manager, in meine Garderobe kam und fragte: ›Joe, wie willst du das neue Album nennen?‹ Ich sah nach oben, und auf dem Regal lag eine Pappschachtel, auf der ›Luxury You Can Afford‹ stand. Und ich sagte: ›Laß es uns so nennen.‹ Er lachte, und so haben wir es dann gemacht. Es steht kein bestimmter Gedanke dahinter.«

Die LP erschien im August 1978 und wurde, zumindest in Deutschland, gar nicht schlecht aufgenommen. *Eine der besten Rockplatten des Jahres,* fand der *Stern,* und *Audio* bezeichnete sie als eine Glanzleistung. Der *Musik-Express* spottete dagegen über die *akustische Materialschlacht* mit Bläsern, Streichern und Chor. In Amerika wertete der *Rolling Stone* Joes Comeback *als größte Überraschung seit Woodstock.* Doch was die Charts anging, kam auch diese Scheibe nicht höher als auf den 76. Platz. Immerhin schon ein Erfolg gegenüber seiner ein Jahr zuvor von der Plattenfirma zusammengestellten »Greatest-Hits«-Sammlung, die noch nicht einmal in die Top 100 gekommen war. Eine Tatsache, die allerdings eher den geringen Marktwert von Joe Cocker deutlich machte als die Qualität dieser Hit-Songs.

Das Chaos um Joe nahm dennoch kein Ende. Seine Beziehung mit Eileen war ein ewiges Hin und Her. Sie ging, und sie kam, sie stritt sich mit Joe und verschwand, irgendwann, nach Wochen oder Monaten, kehrte sie zurück. Doch der Frieden nach einer Versöhnung dauerte nie lange. Joe und Eileen fanden immer etwas, worüber sie sich streiten konnten, denn Eileen war eine sehr bestimmende Frau. »Sie schien ärgerlich wegen seines Ruhms zu sein – als ob sie etwas davon haben wollte.«

Anfang der siebziger Jahre hatte Eileen einen Ladenbesitzer in L. A. geheiratet und bekam ein Kind von ihm. Doch die Ehe ging nicht lange gut. Als sie mitbekam, daß Joe in der Stadt war, tauchte sie regelmäßig an seinem momentanen Wohnsitz auf, einem Haus, das er in Malibu gemietet hatte und mit Freunden und Bandkollegen bewohnte. Eines Tages brachte sie das Baby mit und zog ganz bei ihm ein. »Sie kämpfte um seine Aufmerksamkeit, und das ziemlich heftig. Sie war der Grund für einige wilde Zeiten in seinem Leben.« Eileen war damals mit Joe in Australien verhaftet worden, gemeinsam trampten sie nach dem Absturz in Drogen und Alkohol durch England, und gemeinsam entzogen sie von Heroin. Ein Riesenkrach mit Eileen war auch der Hauptgrund, weshalb Joe 1973 nicht auf die US-Tournee mit den Staple Singers ging. Wenn die beiden sich stritten, dann ging es wild zu, dann »flogen alle möglichen Dinge durchs Zimmer.«

Egal, was Eileen tat, Joe hing immer noch an ihr. Sie hatten sich 1962 kennengelernt, und Eileen war schon zu den Konzerten der Avengers im Bandbus mitgefahren. Im Sommer 1978, nach sechzehn mehr oder weniger gemeinsamen Jahren, trennten sie sich ganz unspektakulär. Eileen wollte nach Hause, und das bedeutete für sie Sheffield; sie hielt es im verrückten, überdrehten L. A. nicht mehr aus. Joe kaufte ihr ein Haus in Sheffield und mußte dann feststellen, als er eines Tages wie üblich bei Freunden unterkommen wollte und mit dem Koffer vor ihrer Tür stand, daß sie mit einem festen Freund zusammenwohnte. Er machte auf dem Absatz kehrt, und das war's. Nachtragend war er dennoch nicht: »Wir hatten genauso viele gute wie schlechte Zeiten, und es ist alles verziehen.«

Joe selbst blieb in Amerika und zog auf eine abgelegene Ranch oberhalb von Santa Barbara. Das Haus, die Laurel Springs Ranch, gehörte der Schauspielerin Jane Fonda, die es hauptsächlich an Leute aus dem Show-Biz vermietete. Aber es kostete einiges an Überredungskraft, sie dazu zu bringen, Joe einziehen zu lassen. Seine Exzesse hatten zu sehr die Runde gemacht, und auch das Chaos um sein letztes gemietetes Haus war in den Schlagzeilen gewesen.

Bei den geschäftlichen Verhandlungen um das Haus lernte Joe seine spätere Frau Pam Baker kennen, die für Jane Fonda in einem Kindercamp in Santa Barbara arbeitete. Sie war ein großer Fan von ihm und setzte sich sehr für ihn ein. Die beiden verstanden sich auf Anhieb, und nur kurze Zeit später zog Pam bei ihm ein. Die Ranch bei Santa Barbara war der erste Ort, an dem Joe völlig alleine wohnte. Es hingen keine Junkies und sogenannten Freunde bei ihm herum, niemand verpulverte sein Geld und wühlte in seinen Sachen herum. Und wenn er wegging, konnte er sicher sein, später alles so vorzufinden, wie er es verlassen hatte.

Die Zufahrt zu der Ranch war lang und lag versteckt, wodurch Joe viele Besucher von sich fernhalten konnte.

Kurz nach dem Einzug mußte Joe das Haus allerdings schon wieder verlassen, wenn auch nur kurzzeitig. Nach dem Erfolg in Australien war es Lang nämlich gelungen, eine Tournee durch Amerika zusammenzustellen. Im Oktober 1978 ging es in Washington los. 25 Konzerte standen insgesamt auf dem Programm. Die Tournee verlief überraschend erfolgreich. Trotz der alten Skandalmeldungen wurde Joe gefeiert und mußte massenweise Zugaben geben.

Doch im Kampf um das Geld halfen ihm diese Erfolge nicht. Das Album hatte längst nicht die Erwartungen erfüllt, die Joes neue Plattenfirma Elektra/Asylum darin gesetzt hatte. Sie hatte einen hohen Vorschuß in die Produktion gesteckt, der nicht wieder hereinkam. Elektra machte Joe dafür haftbar und verklagte ihn.

Zur gleichen Zeit stellte die britische Steuerbehörde fest, daß Joe seit zehn Jahren praktisch keine Steuern bezahlt hatte. Und das, obwohl er hin und wieder ganz gut verdient hatte. Ab und zu hatte er einen Betrag an die Behörden überwiesen, sich aber nicht weiter um diese Dinge gekümmert. Jetzt war der Tag der großen Abrechnung gekommen. Joe steckte in der Sackgasse. Diesen riesigen Berg Forderungen konnte er nie abbezahlen. Glücklicherweise war die britische Regierung ausnahmsweise bereit, Ratenzahlungen zu akzeptieren.

Nach wie vor, trotz der vielen schlechten Erfahrungen, die er mit Managern, Buchhaltern und Rechtsanwälten gemacht hatte, die seine Angelegenheiten regeln sollten, vertraute Joe in geschäftlichen Dingen hundertprozentig eben diesen Leuten und kümmerte sich selbst kein bißchen darum. »Ich habe einen guten Buchhalter in den Staaten, und mein Manager Michael ist fair zu mir. Jetzt ist es so, daß der Buchhalter ein Auge auf Michael hat und Michael ein Auge auf ihn. Und ich versuche, beide unter Kontrolle zu haben«, verkündete Joe sein neues Konzept. »Ich mag es, Geld zu haben, aber ich bin nicht verrückt danach. Ich bin nicht gierig nach Milliarden. Ich weiß auch nicht, wieviel Geld ich auf der Bank habe. Ich denke nicht darüber nach. Ich kann meinen Buchhalter fragen, und solange er sagt, es geht mir gut...«

Auch Helmut Fest, Geschäftsführer von Joes deutscher Plattenfirma EMI, fiel später an ihm auf, »daß er sich so überhaupt nicht um die geschäftliche Seite kümmert. Das macht alles der Manager. Joe stellt sich nur im Studio vor das Mikro und singt.«

Nachdem die letzten Tourneen so gut gelaufen waren, hatte Joe Mut geschöpft und wollte auch 1979 wieder voll zuschlagen. Für Mai plante er eine weitere Tour durch Australien. Doch im letzten Moment sagte seine Begleitband, die American Standard Band, ab. Sie hatte in der Zwischenzeit selbst einen Plattenvertrag an Land gezogen, ihre erste eigene LP sollte in Kürze erscheinen, und so war es für sie ergiebiger, sich ihrer eigenen Arbeit zu widmen, als noch einmal mit Joe zu spielen. Der hatte so etwas schon befürchtet. Bei einem Interview, das er im Februar 1979 gegeben hatte, sagte er: »Wenn die einen Hit haben, dann sind sie es, die mir den Stiefel geben. Ich möchte nichts Schlechtes über sie sagen, aber wir werden sehen, was passiert...« Ihre Platte wurde auch ein ganz guter Erfolg, Joe aber hatte durch den plötzlichen Ausfall nicht mehr genug Zeit, eine Ersatzband auf die Beine zu stellen, und mußte die komplette Tournee absagen. Die Klagen folgten auf dem Fuße.

Manager Michael Lang hatte in der Zwischenzeit schon wieder eine neue Idee. Genau zehn Jahre nach seinem legendären Woodstock-Ereignis wollte er unter dem Titel »Woodstock in Europe« die alten Bands noch einmal zusammentrommeln. Arlo Guthrie, Richie Havens, Country Joe und Blues-Pionier Alexis Korner kamen, alle anderen hatten an einem Abklatsch kein Interesse. Entweder gab es die Bands und Musiker gar nicht mehr, oder sie hatten so gut gehende eigenständige Karrieren, daß sie auf ein solches Vehikel nicht angewiesen waren.

Mit Joe reisten Michael Thompson (Gitarre), Trey Thompson (Baß), Jimmy Lang (Keyboards) und der ehemalige Procul-Harum-Drummer B. J. Wilson, der schon bei Joes ersten Aufnahmen mitgewirkt hatte. Joe selbst war – mal wieder – in enorm labiler körperlicher Verfassung, die es für ihn schwierig machte, die Tour durchzustehen. Abermals kam es vor, daß Auftritte abgebrochen werden mußten. Wenn auch, wie ein findiger Journalist später überlegte, nicht immer Cocker daran schuld sein mußte. »Ebensooft haben Veranstalter ihn beschissen. Der Hinweis ›Cocker war besoffen‹ schützte vor Nachforschungen.« Dennoch kamen Joes Konzerte, besonders in Deutschland, sehr gut an, immerhin war er seit 1972 nicht mehr in Europa gewesen.

ALIVE IN THE 80'S!

Die achtziger Jahre begannen mit zwei schweren Schlägen für das von Diskorhythmen ohnehin schon gebeutelte Rockgeschäft.

Im Dezember 1980 starb mit John Lennon der Traum einer Generation. Die langersehnte Wiedervereinigung der Beatles konnte es nun nicht mehr geben. Wenige Monate später erlag der ungekrönte König des Reggae, Bob Marley, seinem jahrelangen Krebsleiden. In der Tat keine guten Omen für das gerade angebrochene Jahrzehnt.

Joe Cocker befand sich während der letzten Jahreswende gerade auf Tournee. Im Januar 1980 stellte er einen gewissen Tom Sullivan als Tour-Manager ein. Der Musiker hoffte, mit einem neuen Team wieder kommerziellere Wege einschlagen zu können. Meistens reichte in letzter Zeit der Kartenvorverkauf nämlich kaum dazu, einen kleinen, amerikanischen Club zu füllen. Die Woodstock-Begeisterung gehörte einer vergangenen Epoche an.

Joes größter Gig auf amerikanischem Boden folgte bereits im Sommer. Am 12. Juli 1980 sang er im New Yorker Central Park vor über 20000 Menschen. Die zwischenzeitlich an kleine Clubs gewöhnte Soundcrew hatte bei dem Auftritt ihre Schwierigkeiten, was sich durch schlechte Akustik und dröhnenden Sound bemerkbar machte. Trotzdem wurde das Ereignis für die Nachwelt festgehalten und in Australien sowie in Japan als Live-Album veröffentlicht. Dank der Importgeschäfte fanden Joe-Cocker-Fans in aller Welt einen Weg, das beliebte Sammlerstück in ihre Hände zu bekommen. Neben alten Klassikern bot die Scheibe auch zwei neue Songs, die Joe Cocker auf keiner früheren LP veröffentlicht hatte. Es handelte sich dabei um »Sweet Forgiveness« und »So Blue«.

In Deutschland konnte man Joe Cocker 1980 auch endlich einmal wieder im Fernsehen bewundern. Ausgestrahlt wurde ein in Berlin aufgezeichnetes Konzert im Rahmen der Sendereihe »Rockpalast«. Die Einschaltquoten sprachen für Joe Cocker und bewiesen, daß ihm sein Comeback-Versuch – zumindest in der Bundesrepublik – geglückt war. Jetzt fehlte dem Meister nur noch ein Schallplattenvertrag. Die Elektra in Amerika weigerte sich, den Künstlervertrag zu verlängern, da das letzte Cocker-Album der Firma keinen geringen Verlust bereitet hatte. Keine der großen Plattenfirmen schien sich für einen Woodstock-Veteranen zu interessieren. Und ohne Plattenvertrag bekam Cocker auch keine Gelegenheit, im Studio zu arbeiten. Fast zweieinhalb Jahre verbrachte er ausschließlich on the road und eroberte sich dabei ein neues, treues Live-Publikum. Später sagte Cocker über diese Zeit: »Die Deutschen haben eine unheimliche Liebe zur Bluesmusik. Sie haben mich auch unterstützt, als meine Karriere völlig im Keller war. Wir haben damals in Dörfern und Kleinstädten gespielt, aber das Publikum ließ mich niemals im Stich. Ohne die Fans in Deutschland hätte ich manch eine Krise wohl kaum überlebt.« Eigentlich konnte nur ein brillantes Album, ein neues Cocker-Meisterwerk, den Sänger auf die internationale Bildfläche zurückholen.

SHEFFIELD STEEL

Joes alter Freund Chris Blackwell gab dem Woodstock-Star schließlich eine zweite Chance. Er nahm Joe Cocker für sein Island-Records-Label unter Vertrag.

In der Zwischenzeit konnte man Joe als Gastmusiker auf der Crusaders-Produktion »Standing Tall« hören. Sein Auftritt bei der amerikanischen Grammy-Verleihung blieb ebenfalls nicht unbemerkt.

Daß augerechnet Island hinter einem neuen LP-Start stehen würde, ließ von Anfang an vermuten, wer bei dem Projekt als Studiomusiker hinzugezogen und wer wo hinter den Reglern zu finden sein würde. Das Album entstand im Februar 1982 in den Compass Point Studios auf den Bahamas, wo neben vielen anderen auch schon Eric Clapton in die Saiten gegriffen hatte. Alex Sadkins Produktion hinterließ besonders im Instrumental-Sound deutliche Spuren. Kenner erinnerten sich an Studio-Alben von Black Uhuru sowie an »Nightclubbing« und »Warm Leatherette« von Grace Jones. Auch die Liste der Studiomusiker konnte sich hören lassen: Die

Keyboards bediente Wally Badarou, Sticky Thompson mischte als Percussionist mit, die Gitarren wurden von Mickey Chung und Barry Reynolds gespielt, und außerdem wirkte das Rhythmusgespann des Hauses, Sly Dunbar und Robbie Shakespeare, mit. Nicht vorhersehbar, doch aufgrund der Lokalitäten nicht überraschend, waren die Gastrolle von Adrian Belew bei dem Stück »Sweet Little Woman« und die kurzen Gastspiele von Robert Palmer und Jimmy Cliff bei jeweils einem Stück in den Background-Vocals.

Wie bisher auf allen Schallplatten verzichtete Joe auf seine Profilierung als Song-Schreiber. Lieber verlieh er bekanntem Material durch seine ganz persönliche Interpretation Leben und Gefühl. Auf »Sheffield Steel« coverte Cocker Songs von so anerkannten Komponisten wie Jimmy Cliff, Bob Dylan, Randy Newman, Steve Winwood und Andy Frazer von Free. Das gesamte Album präsentierte einen Cocker in Moll-Tönen. Die Texte erzählten von kaputten Liebesgeschichten und erinnerten an Cockers Blues-Vorliebe.

Joe begann wieder, hart zu arbeiten. Die Zeit der Selbstparodie war vorbei und der Sänger durchaus wieder in der Lage, sein Bestes zu geben. »Da war so ein Typ von einer Illustrierten, der mich interviewte«, meinte Joe. »Er war mit dem Gespräch nicht zufrieden. Er versuchte immer, mich auf meine Trinkgewohnheiten oder auf Dope festzunageln. Ich dachte, ich sitze einem Psychiater gegenüber... Und kürzlich las ich eine Besprechung der neuen LP, und der Typ schrieb, daß er die Platte wirklich möge, aber gleichzeitig bedauere, daß ich nicht besoffen genug klänge. Die Leute rühren ständig im selben Topf, als wäre das das Interessanteste an mir.«

Ein prall gefüllter Tourplan bewies jedoch, daß Joe auch andere interessante Seiten hatte. Bis Anfang Dezember war er in Amerika, Europa, Australien und Japan unterwegs und begeisterte seine Fans mit einer ausgezeichneten Show. Zu einem Konzert am New Yorker Hudson Pier, gegenüber der 44. Straße, sagte der inzwischen 38jährige Cocker: »Ich weiß nicht genau, woran es liegt, aber irgendwie war New York immer heavy für mich, ich empfand das Publikum dort immer als leicht ablehnend. Ich kann mich an keinen bedeutenden Gig in dieser Stadt erinnern, während zum Beispiel in Los Angeles etliche Shows fantastisch liefen. Irgend etwas stimmt nicht am Verhältnis von New York zu mir.«

In Deutschland stimmte das Verhältnis zwischen Publikum und Künstler allerdings auch weiterhin. Die »Sheffield-Steel«-Tour führte den ›trockengelegten‹ Superstar nach Berlin, Hamburg, Frankfurt und München, wo er in der ausverkauften Alabama-Halle für eine Fernsehshow auf der Bühne stand. Wie erwartet, verkaufte sich das aktuelle Cocker-Album hierzulande auch recht gut. Weltweit gesehen blieben die Verkäufe allerdings eher enttäuschend. Frankreich hatte mit knapp 40000 Exemplaren die Nase vorn. In Deutschland erreichte das Album einen relativ guten 48. Platz in den Charts, aber in den USA kletterte »Sheffield Steel« lediglich auf Platz 105 der Billboard Charts.

Dafür war Cocker durch ein Duett mit Jennifer Warnes kurz darauf in aller Munde. Das Stück »Up Where We Belong« stammte aus dem Soundtrack zu dem erfolgreichen Kinofilm »An Officer And A Gentleman«. Joe kannte Jennifer Warnes und hatte sie vor den Aufnahmen bereits mehrere Male getroffen. »Als Jennifer und ich das Stück im Studio sangen, wußte ich gleich, daß wir einen Hit produzierten«, sagte Joe, »und Island Records wollte das Ding zunächst nicht einmal veröffentlichen!«

Aus dem »Hit« wurde ein Volltreffer: Nummer 1 in den Vereinigten Staaten und immerhin Platz 7 in Großbritannien. Außerdem gab es einen Oskar für die beste Filmmusik.

Im November 1983 bekam Joe das Angebot, in einer All-Star-Benefiztournee für Steve Winwood einzuspringen. Der ehemalige Small-Faces-Sänger Ronnie Lane litt seit Jahren an Multipler Sklerose und sammelte Spenden für die Erforschung dieser Krankheit. Mit einem Konzert in der Londoner Royal Albert Hall begann das AIMS-Projekt (AIMS = Action Into Multiple Sclerosis). Damals gehörten Winwood, Eric Clapton, Jimmy Page, Jeff Beck und Bill

Wyman mit zur Line-up. Als man sich entschloß, die Tournee nach Amerika zu bringen, kam Joe Cocker ins Spiel. Die Konzerte in Dallas, San Francisco, Los Angeles und New York wurden Riesenerfolge. Neben Joes Auftritt mit »With A Little Help From My Friends« gehörte natürlich das Zusammenspiel aller drei ehemaligen Yardbirds-Gitarristen (Clapton, Beck und Page) zu den Höhepunkten der Show.

Das nächste Cocker-Album für Island Records hatte den Arbeitstitel »One More Time«, aber Island Records konnte sich mit den neuen Songs nicht so recht anfreunden. Schließlich führte die ablehnende Haltung zur Auflösung des Vertragsverhältnisses, und der Künstler fand unter dem Dach einer anderen Plattenfirma Zuflucht.

CIVILIZED MAN

Als »zivilisierter Mann« kam Joe Jocker 1984 zu der Firma EMI/Capitol. Zumindest trug sein EMI-Debütalbum den Titel »Civilized Man«. Die erste Plattenseite war mit dem Produzenten Gary Katz neu eingespielt worden. Die zweite Seite bestand aus Höhepunkten der »One-More-Time«-Sessions. Katz vermittelte Cocker für die Aufnahmen angesehene Studiomusiker, darunter Jeff Porcaro (Toto), Nathan East (Eric-Clapton-Band) und David Paitch.

»Civilized Man« wurde recht erfolgreich und stellte EMI zufrieden. Für den Abschluß des neuen Schallplattenvertrages hatte Helmut Fest (Geschäftsführer der EMI Electrola GmbH) als Drahtzieher agiert. Fest war seit seiner Jugend ein großer Cocker-Fan und hatte dessen Karriereknick mit Bedauern beobachtet. Jetzt wollte er dem Ausnahmesänger eine neue Chance geben. Besonders in Europa erntete Cockers Album »Civilized Man« positive Kritiken und erzielte gute Verkaufszahlen, in Deutschland sogar den 7. Platz der Charts.

Für seine Herbsttournee durch Deutschland

konnte Cocker die damals noch relativ unbekannte irische Band U2 als Vorgruppe gewinnen.

Im Dezember 1984 begann Joe in Memphis an einem neuen Album zu arbeiten. Die Aufnahmen wurden jedoch von der Nachricht unterbrochen, daß Joes Mutter, Marjorie Cocker, plötzlich verstorben war. Joe flog sofort nach Sheffield, um der Beerdigung beizuwohnen. Als Cocker seine neue Schallplatte ein Jahr später fertigstellte, widmete er sie seiner Mutter.

Das schlicht betitelte Werk »Cocker« erschien im April 1986. Insgesamt hatten fünf verschiedene Produzenten bei den Aufnahmen ihre Hand im Spiel gehabt. Trotzdem schaffte Joe es, das Werk als Einheit zu präsentieren. Die Fans liebten die neuen Songs, und Joe wurde mit einer Nummer 3 in den Charts sowie Gold- und Platinauszeichnungen belohnt. Plötzlich entdeckten so renommierte Magazine wie der *Stern, Audio* oder *Pop/Rocky* den Altstar. Joe stieg in Deutschland in die gleiche Riege wie beispielsweise Tina Turner auf. Nur in seinem Heimatland England gelang es ihm nicht, seine Karriere wieder in Gang zu bringen. Überall auf dem europäischen Festland wurde Joe dagegen als Live-Entertainer bei Festivals und als Headliner in großen Hallen gefeiert. Joe verbrachte den Rest des Jahres wieder »on the road«.

UNCHAIN MY HEART

Anfang 1987 ging Joe wieder ins Studio, um an einem neuen Album zu arbeiten. Diesmal begleitete ihn das Produzententeam Dan Hartman und Charlie Midnight und verpaßte ihm einen Mainstream-Rock-Sound mit Rhythm-and-Blues-Anleihen. Dan war Anfang der siebziger Jahre Bassist bei der Edgar Winter Group gewesen, hatte dann einige Solo-Alben eingespielt und mit »I Can Dream« 1984 einen Solo-Hit gelandet, bevor er sich auf die Produzentenseite schlug. Mit Charlie Midnight zusammen komponierte er alle Songs für James Browns Comeback-Album »Gravity«. Charlie hatte selbst als Sänger gearbeitet, und für Joe war es das erste Mal, daß ein anderer Sänger seine Songs produzierte. »Er versteht, was man alles im Studio durchmacht, weil er den Gesang tief in sich spürt. Wenn ich nicht in der richtigen Tonlage war, konnte er es mir sofort sagen. Ihm gefiel besonders, daß ich auch vier Takes hintereinander ziemlich identisch phrasieren kann, anders als die meisten anderen Sänger heute, die es zwanzigmal oder öfter probieren oder einen

Song Zeile für Zeile aufnehmen. Es ist mein Gesangsstil, ich kann den Ausdruck in meiner Stimme genau fühlen und ihn wiederholen.« Joe verblüffte nicht nur seinen Produzenten, sondern auch seine Musiker damit, wie locker er seine Gesangsparts aufnahm. Alle standen im Studio herum, während Joe einfach in seiner Gesangskabine seinen Part aufnahm.

Cocker dagegen gefiel es, daß Charlie ein Mann war, der nicht nur auf die Studiotechnik vertraute, sondern es verstand, Herz und Seele in den Songs durchscheinen zu lassen. Für Cocker waren Charlies Soul-Einflüsse auch eine neue Erfahrung: »Ich bin mehr Rhythm-and-Blues-orientiert, aber ich liebe auch seine Soulmusik. Ich habe eine neue Sichtweise für das, was ich machen will, bekommen.«

Die beiden Produzenten schrieben für Joe auch zwei Songs, die Ballade »A Woman Loves A Man« und den Rocktrack »Satisfied«. Die größten Hits des Albums komponierte allerdings der Kanadier Eddi Schwartz: »Two Wrongs«, »I Stand In Wonder« und »All Our Tomorrows«. »Er ist ein Fan. Also versteht er mich«, erklärte Joe dazu. Die insgesamt zehn Songs enthielten die übliche Mixtur aus neuen Songs und Coverversionen und zeigten Cockers stimmliches Spektrum in bewährter Manier bei Balladen wie »The One« oder Rocknummern wie »River's Rising«.

Auch die Beatles hielten wieder einmal für Songmaterial her. John Lennons »Isolation« wurde diesmal von Joe in einer unter die Haut gehenden Version dargeboten, die alles Leid und alle Verzweiflung ausdrückte, die John Lennon in seinem Text formuliert hatte. Die Aufnahme entstand völlig spontan. Am Ende eines arbeitsreichen Tages redete Joe mit Gitarrist Phil Grande über John Lennon, den er sehr bewunderte. »Es gibt da ein Lied, das ich immer schon gerne aufnehmen wollte.« Phil sprang sofort darauf an und setzte sich ans Klavier. »Als er dann zu singen anfing, hob ich ab. Ich sagte, wenn überhaupt jemand anders diesen Song richtig bringen kann, dann bist du es, Joe. Und wir drehten die Lichter aus und nahmen den Song in zwei Takes auf, während die anderen bereits alle beim Abendessen waren.«

Der Titelsong »Unchain My Heart« war eine Coverversion des Ray-Charles-Hits von 1961, für den Clarence Clemmons, der Saxer von Bruce Springsteens E-Street-Band, das Solo beisteuerte. Die Idee, diesen Song aufzunehmen, kam Michael Lang erst kurz vor Ende der Aufnahmearbeiten. Die Single erreichte in England den 46. Platz. Joe widmete das Album Joe Alex Sadkin, »einem Menschen, der für die Musik lebte, und einem guten Freund«. Alex hatte auf den Bahamas einen Autounfall gehabt. Er lag ein paar Tage im Koma und starb dann. Joe war erschüttert. »Ich sprach ein Gebet für ihn. Er lebte für die Musik, ununterbrochen!«

Dennoch wurde es ein sehr optimistisches Album, das einen gereiften Cocker präsentierte. Es war etwas härter eingespielt als seine letzten Sachen, perfekt und glatt produziert und wurde besonders in Deutschland ein Riesenerfolg. Hier landete er auf dem ersten Platz, und das ZDF verlieh Joe die Berolina, den Unterhaltungspreis für den besten internationalen Künstler 1987. Als Single wurde »Love Lives On« ausgekoppelt. Es war der Titelsong aus dem Film »Harry and the Hendersons« (auf Deutsch »Bigfoot und die Hendersons«), der von einem rauhbeinigen, aber sympathischen Monster erzählt, das eine amerikanische Durchschnittsfamilie heimsucht. Auf die Single-Rückseite kam ein weiterer Hartmann/Midnight-Song: »On My Way To You«.

Gleich nach den Aufnahmen ging Joe auf die nächste Tournee: Europa und vor allem Deutschland standen auf dem Programm. Am 12. Juni ging es los.

Das Konzert in Athen war das reinste Chaos. Die Hitze war kaum auszuhalten, das Klavier verstimmt, die PA viel zu klein für die Unmengen von Leuten, die in das Studio drängten. Draußen vor den Toren gab es Randale, Autos wurden umgeworfen, Flaschen flogen. Joes Konzert ging dennoch ohne Zwischenfälle über die Bühne.

Am 4. Juli flog Joe nach London. Die Plattenfirma Island feierte ihr 25jähriges Bestehen.

Der in Jamaica geborene Chris Blackwell hatte Island Records 1962 in London gegründet. Anfangs hatte er hauptsächlich westindische Popmusik und Blues-Aufnahmen aus den Staaten veröffentlicht. Blackwell hatte ein sicheres Gespür für Trends und Hits und hatte Gruppen wie Traffic, Spooky Tooth, King Crimson, Emerson, Lake and Palmer und Cat Stevens unter Vertrag. Island ist bis auf den heutigen Tag sehr erfolgreich. Joe sang mit einem prominenten Hintergrund-Chor, u. a. bestehend aus Sly und Robbie, »Sweet Little Woman« von seinem »Sheffield-Steel«-Album.

Joes ehemalige amerikanische Plattenfirma A&M hatte ein Jahr zuvor ihr 25jähriges Jubiläum gefeiert, und obwohl Joe nicht mehr bei ihnen war, sagte Jerry Moss: »Joe ist der größte weiße Sänger, mit dem ich je zu tun hatte, wahrscheinlich der größte überhaupt. Er hat mir persönlich sehr viel bedeutet, und er war ein großer Künstler für uns. Mit Joe haben wir die Firma umgestaltet.«

Das ausgefallenste Konzert fand aber in Italien, in Salo, statt. Ein Brautpaar hatte Joe zu seiner musikalischen Unterhaltung auserkoren und war mit der gesamten Hochzeitsgesellschaft angerückt. Als Joe sie erspähte, holte er sie zum Ende des Konzertes auf die Bühne. In Italien gab es allerdings auch noch einen unangenehmen Zwischenfall. In Neapel brach Joe sich einen Finger, den er erst etwas später in Santa Barbara operieren ließ.

In Deutschland sahnte Joe anschließend dick ab. Er nahm nicht nur die Platin-Auszeichnung für das »Cocker«-Album für 500000 verkaufte Exemplare entgegen, sondern erhielt außerdem noch den Titel »Bester Sänger des Jahres«. Die Zeremonie wurde live im deutschen Fernsehen übertragen. Joe gab sich ungewohnt seriös und erschien in Frack und Fliege. »Ich glaube, der Grund, weshalb ich in Ländern wie Deutschland und auch Italien so gut ankomme, liegt darin, daß ich intensiven Kontakt zum Publikum habe. Ich versuche einen persönlichen Draht zu den Menschen zu bekommen, auch wenn ich vor 40000 Leuten spiele. In Europa stehen die Leute mehr auf Natürlichkeit.«

Joe hat sich selbst nie als Star gesehen. »Es gibt Leute, die sich für große Künstler halten und die es einen auch spüren lassen. Jeden Tag. Ganz nach dem Motto, ich bin der Star, vergiß das bitte nicht.« Joe hatte diesen Geltungsdrang nicht. »Natürlich ist er ein Star«, sagte seine Frau Pam. »Aber Joe verhält sich nie so, als fühle er sich wie ein Star.«

»Ich habe mich nie als Star gesehen«, erklärte Joe. »Ich kenne einfach meine Grenzen. Ich spiele kein Instrument, und ich habe nicht den größten Stimmumfang der Welt. Ich mache einfach das Beste aus dem, was mir zur Verfügung steht.« Joe hat im Gegenteil eine warme, sehr menschliche Ausstrahlung und eine große Bescheidenheit, was ihn überall sehr beliebt macht.

Nach einem Abstecher zu seinem Vater in Sheffield stellte Joe in Brighton der Medien- und Plattenindustrie sein neues Album »Unchain My Heart« live vor. Sogar die abgebrühten Fachleute forderten begeistert Zugaben.

In Sheffield konnte sein Vater ihm übrigens zwei Schecks überreichen. Sie waren uralt und betrugen insgesamt knapp 225000 Dollar. Harold Cocker hatte sich bei einer Aufräumaktion auch den Schallplattenschrank im Wohnzimmer vorgenommen, den seit ewigen Zeiten niemand mehr benutzt hatte. Neben Noten, alten Platten und Bändern flatterten ihm die zwei Schecks entgegen, die beide aus den frühen siebziger Jahren stammten und bisher noch nicht eingelöst worden waren!

Diese Geschichte war keine Ausnahme. Zwei Schecks aus Mad-Dogs- und Woodstock-Zeiten hatte Joe einfach verloren. »Ans Tageslicht kam die Sache erst«, erzählt sein zweiter Manager Nigel Thomas, »als Jerry Moss mich eines Tages anrief und sagte, daß diese Schecks niemals eingelöst worden seien, und das stimmte tatsächlich.«

Kein Wunder also, daß Joe ständig Geldprobleme hatte, wenn er so nachlässig mit seinen Einnahmen umging. In den achtziger Jahren hatte er zwar dazugelernt, aber interessieren tat ihn das Geld nach wie vor nicht die Bohne.

Am 11. Oktober 1987, neun Jahre nachdem er ihr zum ersten Mal begegnet war, heiratete Joe Pamela Baker. Er war zu diesem Zeitpunkt 43 Jahre alt, sie 29. Fünf Jahre zuvor hatte sich zwischen ihnen eine richtige Beziehung entwikkelt, ein Jahr zuvor waren sie zusammengezogen. »Wir lernten uns kennen, und einen Monat später waren wir Freunde. Es muß in einem kleinen Café in Griechenland gewesen sein, als ich ziemlich umständlich versucht habe, ihr einen Antrag zu machen. Sie hat nur gesagt: ›Zum Teufel, laß uns heiraten!‹ Das war's. Ich hatte mich entschlossen, muß aber zugeben, daß ich ein bißchen Muffe hatte. Ich habe nie soviel Angst gehabt wie an meinem Hochzeitstag. Sonst stehe ich ruhig vor ein paar 100000 Leuten, aber da fing ich tatsächlich an zu zittern.«

Pam hatte Joe auf vielen Reisen begleitet. Sie war ein ruhender Pol in seinem wilden Leben. »Die Ehe wird ihn zur Vernunft bringen«, bemerkte Joes Vater Harold, obwohl er seine Schwiegertochter nur ein einziges Mal zuvor gesehen hatte. Er selbst kam nicht zur Hochzeit. Mit achtzig Jahren fühlte er sich zu alt zum Reisen, zumal er England noch nie in seinem Leben verlassen hatte.

Die Hochzeit fand in Santa Barbara statt. Trauzeuge war einer von Joes älteren Freunden, der Roadie Mark Aglietti, der 1972 zum ersten Mal für ihn gearbeitet hatte. Ansonsten kamen Musiker seiner aktuellen und lange aufgelöster Bands, wie Jim Keltner und Jimmy Karstein.

Flitterwochen gab es nicht. Statt dessen reisten Joe und Pam nach Europa, um das »Unchain-My-Heart«-Album vorzustellen, das im November veröffentlicht worden war. Bereits sechs Tage nach der Hochzeit waren sie in Mailand, anschließend in Deutschland und London.

In New York nahm Joe an einem TV-Special

für Ray Charles teil, dem ein Grammy verliehen worden war. Zusammen mit Cissie Houston, der Mutter von Whitney, sang er die Lieblingssongs des schwarzen Sängers: »Hallelujah I Just Love Her So«, »Yes Indeed« und natürlich »Unchain My Heart«. Dieser Gelegenheit schloß er gleich eine kleine Tournee an.

Während das Album in Amerika nur mühsam das hintere Ende der Charts erreichte, schoß es in Deutschland auf den zweiten Platz. Hier war Joe zum Publikumsliebling geworden, erfolgreich wie nie und nirgendwo sonst.

NIGHT OF SIN

Kaum hatte er die Tournee hinter sich gebracht, ging Joe schon wieder ins Studio. Chris Stainton begleitete ihn und seine Band, Charlie Midnight saß abermals am Produzentenpult. Die Platte sollte »One Night Of Sin« heißen, und »When The Night Comes« war der erste Titel, den sie aufnahmen. Es handelte sich um eine Nummer des kanadischen Superstars Bryan Adams, der die Band mit der Rhythmusgitarre unterstützte. Anfangs hatte er etwas gezögert, Joe den Song zu geben, denn natürlich war ihm klar, daß er selbst auch einen Hit damit hätte landen können. Das erledigte jetzt Joe, der mit dem Song in Amerika zum ersten Mal nach langer Zeit wieder in die Top Twenty kam.

»Ich arbeite in erster Linie mit meinem Produzenten zusammen. Er und Michael Lang haben großes Interesse daran, gute Lieder aufzutreiben. Sie können das viel besser als ich.«

Doch auch Joes Frau Pam war an der Songauswahl maßgeblich beteiligt. »Er bekommt Millionen von Bändern geschickt, und meist höre ich sie mir vor ihm an. Es wäre für ihn einfach unmöglich, sie alle zu prüfen.« – »Pam inspiriert mich ganz entscheidend«, gibt Joe zu. »Natürlich vertraue ich in erster Linie meinem Instinkt, aber wenn ich einen Song auswähle und Pam nicht beeindruckt ist, dann bin ich sauer. Doch wir sind uns selten uneinig.«

Besonderen Wert legt Joe auf die Texte: »I'm a lyrics-man. Die Musik ist zwar wichtig, doch vor allem die Worte müssen stimmen. Denn als Sänger arbeite ich ja mit Texten. Ich muß im Konzert das letzte bißchen Saft aus den Worten rausquetschen, damit so ein Song jedesmal anders klingt.«

»Wenn bekannt wird, daß ich ein neues Album mache, schicken die Leute von überall her Bänder. Ich kann mir nicht alles anhören, was schade ist, denn es kann einem etwas wirklich Gutes entgehen. Neben Pam filtert Charlie die Sachen, die in seinem Büro ankommen. Manche Sachen schmeißt er sofort in den Papierkorb, weil er genau weiß, daß es witzlos ist, sie mir zuzuschicken. Anschließend sprechen Charlie, Michael und ich unsere Ideen durch. Dabei müssen wir leider auch Kompromisse schließen, um den Plattenfirmen zu gefallen.«

Für »One Night Of Sin« grub Joe auch wieder jede Menge Oldies aus, allen voran der Klassiker »Fever«, der, im Original von Peggy Lee, durch Elvis berühmt wurde. Auch der Titelsong »One Night Of Sin« war eigentlich ein Titel, der zu Elvis' Repertoire gehörte. Nur daß er ihn damals unverfänglicher »One Night With You« genannt hatte. Schließlich hatte Elvis ein sauberes Image, und in den fünfziger Jahren legte man noch sehr viel Wert darauf, daß eindeutige Textzeilen abgemildert wurden. Zu der Zeit war es auch gang und gäbe, Nummern von alten schwarzen Bluesmusikern, wie in diesem Fall Smiley Lewis, in kommerziellerer und gefälligerer Form aufzugreifen und für den weißen Markt verdaulich zu machen. Nicht nur Elvis, sondern auch Bill Haley war ein Meister darin.

Außerdem nahm Joe sich Gerry Goffins »Got To Use My Imagination« vor und ein altes Stück von Tim Hardin, »Unforgiven«, das er zum ersten Mal fast fünfzehn Jahre zuvor, für die »Sting Ray«-LP, aufgenommen hatte. Von Produzent Charlie Midnight stammten zwei Stücke: »Letting Go« und »Bad Bad Sign«. Ungewöhnlicherweise griff Joe auch ein Stück von Songwriter Leonard Cohen auf: »I'm Your Man«.

Kaum war sein alter Kumpel Chris Stainton, mit dem zusammen er in frühen Jahren alle seine Songs geschrieben hatte, wieder in der Band, war Joes Kreativität wieder geweckt. Zusammen mit ihm und dem Keyboarder Jeff Levine schrieb er »Another Mind Gone«. Der Titel handelte von seinem alten Schlagzeuger B. J. Wilson, der versucht hatte, sich umzubringen. Die Nachricht hatte Joe enorm aufgewühlt. »Es gibt viele Rocktragödien, aber diese ist wirklich tragisch.«

»Night Of Sin« machte sich gleich nach Veröffentlichung daran, den Vorgänger »Unchain

My Heart« noch zu übertreffen. In Europa schlug das Album sofort ein.

Für den alljährlichen Grammy Award wurde diesmal auch Joe Cocker mit seiner neuen Platte nominiert. Den Preis schnappte ihm allerdings Bruce Springsteen ausgerechnet mit seinem schwächsten Album »Tunnel Of Love« weg.

Ende 1987 verabschiedete sich Roadie Tom Sullivan nach acht Jahren Zusammenarbeit von Joe. »Ich wollte eigentlich gar nicht so lange bleiben, aber zwischen mir und Joe hat sich allmählich eine Freundschaft entwickelt. Ursprünglich wollte ich nach der ersten Tour gehen.« Tom schirmte Joe gegen allzu zudringliche Menschen ab und hatte ein genaues Gefühl dafür, was Joe brauchte. Jetzt hatte er allerdings von dem harten Leben on the road genug und wollte mit seiner Familie in L. A. bleiben.

Anfang 1988 löste Joe seine Band mal wieder auf und stellte eine neue zusammen. Mit den amerikanischen Begleitmusikern von »Unchain My Heart« ging er Ende Februar auf die nächste Europatournee. Nur Sängerin Maxine Green blieb von der alten Besetzung übrig. Seit acht Jahren war sie bereits dabei und hatte alle wilden Änderungspläne von Joe unbeschadet überstanden. Andererseits hatte die Dauer der Zusammenarbeit meist wenig mit einem Rauswurf zu tun. Gitarrist Cliff Goodwin zum Beispiel war bereits seit zehn Jahren dabei, und »die Nachricht traf ihn schwer. Ich konnte kaum mit ihm darüber reden. Aber ich brauchte einen neuen Kick, irgend etwas, das mir wieder neuen Schwung gab. Ich hatte das Gefühl, daß ich in letzter Zeit musikalisch nicht immer das erreichte, was ich wollte.«

Joe begann seine Tournee beim San-Remo-Festival in Italien und reiste anschließend vier Monate lang durch Frankreich, Holland, Belgien, Spanien, die Schweiz und Westdeutschland. Joe war höchst zufrieden mit seiner neuen Begleitung. »Es gibt ein neues Element. Ich gehe raus auf die Bühne und weiß, daß sie hundertprozentig da sind.« Die Neun-Mann-Formation schien immer dann zuzulegen, wenn Joe zu ermüden drohte. Auch die Presse schwärmte: *Joe ist zu einer Turboversion seiner selbst geworden.*

Cockers Performance hat nichts Leichtes, Lockeres oder gar Souveränes, schrieb der *ME/Sounds* über sein Konzert in Rotterdam. *Das Erlebnis hat dramatische Nuancen: Mitleid und Furcht (...) für diese geschundene Kehle, die in hohen Lagen nur noch skizzenhaft phrasiert, für diesen leicht schwankenden Barden, der seine Zeilen zerkaut, ganze Silben verschluckt... Cokker ist ein Malocher – auch und gerade als Sänger. Schon nach wenigen Stücken ist aus dem gutsitzenden Anzug das Kostüm einer Vogelscheuche geworden. Er schwitzt. Er zieht sein Jackett aus. Das Hemd lugt durchnäßt aus der Hose. Mit tapsig-unbeholfenen Tanzschritten dreht er sich im Kreis, spielt imaginäre Gitarren, spreizt die Hände, schließt die Augen und krächzt sich den Blues von der Seele (...) Ein Sänger, dem in seinen besten Momenten das Schwierigste gelingt: das Publikum zu berühren.*

Die Begeisterung ging auf die Musiker über. Gitarrist Phil Grande, früher ein großer Cocker-Fan, betonte: »Die Chance zu bekommen, mit jemandem zu arbeiten, den man immer verehrt hat, das ist ein schönes Gefühl.« Und Schlagzeuger David Beal bestätigte: »Joe ist einfach unglaublich in dem, was er macht.«

Anfang Juni trat Joe zum erstenmal hinter dem Eisernen Vorhang auf: in Ost-Berlin und in Dresden. Es war ein Gefühl wie in den sechziger Jahren. Über hunderttausend Menschen strömten zusammen, um endlich einmal einen ›originalen‹ Rocksänger zu sehen. In Dresden war Joe angeblich der erste westliche Rocker überhaupt, seit dem Bau der Mauer.

Fast noch mehr beeindruckte Joe allerdings der Gala-Auftritt für den Prince's Trust in der Londoner Royal Albert Hall, Anfang Juni. Dieser Trust war 1976 vom englischen Thronfolger Prince Charles ins Leben gerufen worden, um bedürftige Jugendliche in jeglicher Art zu unterstützen. Dazu gehörte, arbeitslosen Jugendlichen finanzielle Möglichkeiten zu geben, junge Unternehmer bei der Umsetzung ihrer Firmenideen unter die Arme zu greifen und Obdachlosen ein Dach über dem Kopf zu verschaffen. Um das nötige Geld aufzutreiben, wurden die

Shows von Anfang an von der Creme der Rockmusiker unterstützt. Außer Joe, der »The Letter« sang, waren noch Eric Clapton, Mark Knopfler, Peter Gabriel, Phil Collins und die Bee Gees dabei. Sie alle unterstützten Joe beim Finale des Abends, bei »With A Little Help From My Friends«. Den Song sang er im Duett mit Marti Pellow, dem Sänger der Gruppe Wet Wet Wet. Das schottische Pop-Quartett hatte 1988 mit seiner Version von »With A Little Help« einen Riesenhit gelandet. Das Konzert wurde in viele Länder übertragen und brachte Joe in England, wo es zwei Wochen später gesendet wurde, eine ungeheure Popularität.

Das letzte Konzert seiner Europa-Tournee war aber das Nelson Mandela Birthday Concert am 11. Juni im komplett ausverkauften Wembley Stadion. 70000 Fans schwitzten zu den Songs von Peter Gabriel, Phil Collins, Eric Clapton sowie Stevie Wonder, Whitney Houston und den Dire Straits. Daneben mischten auch Musiker aus dem afrikanischen Kulturkreis mit. Das Konzert fand anläßlich des siebzigsten Geburtstages des schwarzen Bürgerrechtlers Nelson Mandela statt, der seit vielen Jahren in Südafrika im Gefängnis saß. Aus allen Teilen Europas kamen die Fans mit Bussen angereist, die Presse beschäftigte sich tagelang mit nichts anderem. Das zehnstündige Konzert wurde in alle Welt übertragen. In Deutschland konnte man es in allen dritten Programmen sehen. (Das amerikanische Fernsehen retuschierte Mandelas Bild im Bühnenhintergrund übrigens aus den Aufnahmen heraus und stellte das Ereignis lediglich als Rockkonzert der Superlative ohne politische Motivation dar!) Joe trat bereits am Nachmittag auf und sang »Unchain My Heart«.

Später im Jahr absolvierte Joe noch einige kürzere Konzertreisen in Amerika. Er brachte es sogar fertig, dafür seinen alten Kollegen Chris Stainton wieder in die Band zu holen. Der hatte gerade Eric Claptons Band verlassen, und Michael Lang nahm sofort Kontakt zu ihm auf. Chris begleitete gerade im Orchester das Andrew-Lloyd-Webber-Musical »Starlight Express« in London und hatte nichts dagegen, von seichten Musical-Tönen wieder zu erdigem Rock 'n' Roll zurückzukommen. Siebzehnmal trat er mit Joe in Amerika auf, außerdem zehnmal in Australien. »Die Wiedervereinigung mit Chris war sehr bewegend«, berichtete Joe. »Schließlich standen wir uns immer sehr nahe, und Chris ist wirklich ein einzigartiger Musiker.«

POLITIK

Im Februar 1989 erhielt Joe eine Einladung, die fast schon absurd war. Der amerikanische Präsident Bush bat ihn auf seiner Einführungsparty als Präsident zu singen. Der Ex-Junkie und Alkoholiker, der sich auf unzähligen amerikanischen Bühnen übergeben hatte, in Clubs über die Bühne getorkelt war, der immer Einreiseschwierigkeiten wegen seiner Drogenvergangenheit gehabt hatte und auf einem amerikanischen Flughafen sogar festgenommen worden war, wurde jetzt vom Präsidenten höchstpersönlich empfangen. »Wenn ich ein Mensch mit ausgeprägterem politischem Bewußtsein wäre, würde ich so etwas wahrscheinlich ablehnen oder mich zumindest mehr zu den Demokraten hingezogen fühlen. Aber ich glaube, es war für mich eine Ehre, vom Präsidenten eingeladen zu werden. Die meisten meiner Bekannten waren jedoch überrascht, daß ich es gemacht habe.« Den Präsidenten selbst bekam Joe allerdings nur kurz zu sehen. »Er kam zu mir und sah mir in die Augen, und ich sagte: ›Ich gratuliere, Herr Präsident!‹ Und er meinte: ›Gut so!‹« Erstaunlicherweise weigerte Joe sich dennoch, Werbespots im Fernsehen zu machen. Hier war er der Meinung: »Das ist Prostitution! Solange ich von meinen Platten und Live-Auftritten leben kann, warum sollte ich da Werbung machen? Ich bin nicht gierig nach Milliarden.« Dabei gab es seriöse Angebote von Kodak und von einer amerikanischen Telefongesellschaft. Aber Joe blieb standhaft bei seinem Nein.

Das einzige Mal, wo Joe sich politisch zeigte, war, als aus Südafrika ein Angebot für vier Konzerte kam. Er lehnte ab. »Ich habe schon in der Schule nichts von Apartheid gehalten!« war sein Kommentar.

Im Herbst desselben Jahres nahm Joe mit einigen deutschen und internationalen Künstlern wie Sandra, der Münchner Freiheit, Chaka Khan, Ian Anderson von Jethro Tull und Jennifer Rush die Öko-Single »Yes We Can« auf. Joe wurde Mitglied bei der deutschen Show-Biz-Organisation Artists United for Nature, die werbewirksam den Einsatz für die bedrohten Regenwälder in Südamerika auf ihre Fahnen geschrieben hatte. Der Song wurde von Oscar-Preisträger Harold Faltermeyer geschrieben. Der Erlös aus dem Plattenverkauf ging hundertprozentig an AUN, die wiederum alles Geld, das der Verein einnahm, an den World Wild Life Fund for Nature (WWF) überwies.

Im obligatorischen Rhythmus ging Joe mit seiner neuen Platte ab Juni 1989 fünf Monate auf Tournee. Im Sommer absolvierte er große Open-Air-Konzerte mit einer Band, in der bereits wieder einige Umbesetzungen stattgefunden hatten. Zum zweitenmal hatte Joe Paul McCartneys Wings einen Musiker ausgespannt, und zwar Drummer Steve Holley, der David Beal ablöste. Dazu kam ein neuer Rhythmusgitarrist, Glenn Nightingale in Europa und Keith Mack in Amerika. Zur großen Freude von Joe entschloß Chris Stainton sich, als festes Bandmitglied zu bleiben.

In Deutschland spielte Joe zusammen mit den Kölsch-Rockern BAP, die er sehr bewunderte, auf einigen großen Festivals. Außerdem waren Suzanne Vega und der Südafrikaner Johnny Clegg mit seiner Band Savuka dabei. In St. Wendel vervollständigte Lennon-Sohn Julian, der mit seinem Debütalbum gleich sehr großen Erfolg hatte, die musikalische Garde.

Das Abschlußkonzert der Tour in Augsburg artete in eine Regenschlacht aus. Das Rosenau-Stadion wurde von einem Wolkenbruch nach dem anderen heimgesucht. Und um ein Haar hätte Joe seinen Auftritt verpaßt. Sein Fahrer hatte sich nämlich mit dem Wohnmobil verirrt. Der Konzert-Veranstalter setzte die Polizei auf Joes Spuren. In rasender Fahrt, mit Blaulicht und nur zehn Minuten Verspätung lotsten die Polizisten Joe bis zur Bühne. Etwas atemlos, röhrte er sich anschließend durch seinen 90-Minuten-Gig. BAP bildeten den Abschluß des Programms.

Ein großer Teil von Joes Amerika-Konzerten wurde mitgeschnitten und als LP unter dem Titel »Joe Cocker Live« veröffentlicht. Auf dieser Schallplatte unterstützten ihn die erstklassigen Memphis Horns, eine renommierte dreiköpfige Bläsergruppe, die vielen hervorragenden Bluestiteln den letzten Schliff verlieh.

In Osteuropa hatten im Sommer 1989 die Umwälzungen begonnen. Tausende waren über die Prager Botschaft und später über Ungarn in den Westen geflohen. Joe nutzte die langsame Öffnung der Grenzen zu einem weiteren Konzert im Ostblock. Zuerst gab er ein Konzert in der ungarischen Hauptstadt Budapest. Am 12. November, drei Tage nach dem Fall der Mauer, nahm er an dem spontan organisierten »Konzert für Berlin« teil, das die Vereinigung der lange geteilten Stadt feiern sollte. Joe erklärte sich sofort bereit, den Berlin-Gig noch in sein bestehendes Tourprogramm einzuschieben. »Wir kamen am Freitag aus Hamburg und sollten am Sonntag in Dänemark auftreten. Also erklärte ich mich bereit, am Nachmittag eine Show an der Mauer zu machen. Wir fuhren hin, und da waren Udo Lindenberg und BAP und alle diese großen deutschen Namen. Mir wurde wirklich warm ums Herz, als ich auf die Bühne kam und die ganzen Menschen sah. Das ist mir wirklich nahegegangen.«

19 Bands spielten von 13 bis 1 Uhr morgens, alle Musiker traten ohne Gage auf. Nena, Melissa Etheridge, BAP, Heinz-Rudolf Kunze, die DDR-

Rocker Silly und Pankow – keiner wollte es sich nehmen lassen, an diesem großen Tag zu erscheinen. Campino von den Toten Hosen brachte durch eine Kletteraktion fast die PA zum Einsturz, Nina Hagen trat in Strapsen auf, und für Panik-Rocker Udo Lindenberg ging sein fünfzehn Jahre alter Traum in Erfüllung, auf einem Festival vor den vereinigten Fans aus Ost- und West-Deutschland zu singen.

50000 Menschen aus Ost und West hatten sich in die Berliner Deutschlandhalle gedrückt. Der gesamte Berliner Senat, einschließlich Bürgermeister Momper, war dabei. Hunderttausende feierten das Konzert, das live im Radio übertragen wurde, auch vor der Halle. Und Joes »With A Little Help From My Friends« wurde, laut *taz*, zur »Hymne des Tages«.

Die Öffnung der Grenzen in der folgenden Zeit bedeutete für Joe auch mehr Arbeit. »Auf einmal gibt es mehr Länder, als man in einem Jahr schaffen kann. Wenn man darüber nachdenkt, dann ist es ganz schön spannend, daß man auf einmal sechzehn Millionen Menschen mehr erreicht.«

HEIMAT

Für Joe Cocker gab es auf dieser Tour noch ein weiteres bewegendes Erlebnis. Nach sieben Jahren trat er zum ersten Mal wieder in seiner Geburtsstadt Sheffield auf. Das Konzert war ein triumphaler Erfolg. *Kein Auge blieb trocken, als der heimgekehrte Held Joe Cocker sein Herz und seine Seele gab,* schrieb der *Sheffield Star.* »Sheffield hat sich ziemlich verändert. Ich wundere mich, wie schnell wir von Birmingham aus dort waren. Die Straßen scheinen besser geworden zu sein. Wenn man ein paar Jahre fortgewesen ist, vergißt man, daß die Dinge sich verändern. Sheffield war immer eine Kleinstadt für mich, aber das ist sie jetzt nicht mehr. Die Häuser, in denen ich früher als Gasinstallateur gearbeitet habe, haben sie niedergewalzt. Es ist nur noch Gras dort. Aber es kommt Musik aus der Stadt, ABC, Human League, Def Leppard.«

Doch nach seiner englichen Heimat sehnt Joe sich nur selten. »Es ist natürlich schon toll, eine Tüte Chips in der einen Hand zu halten und einen Krug mit richtigem englischem Bier in der anderen. Aber Amerika und mein Haus in

Santa Barbara sind jetzt mein Zuhause. Allerdings kann man natürlich nie wissen, wie das wird, wenn man älter ist.«

Joes Vater wohnt auch heute immer noch in der Tasker Road, und gelegentlich telefonieren die beiden miteinander.

Abgesehen von seinen ständigen Tourneen hatte Joe sich zu einem recht häuslichen Mensch entwickelt. »Wir leben in einem großen Haus mit Schweinen und Katzen. Es liegt sehr schön mitten im Wald. Jetzt habe ich gerade noch ein großes Stück Land mit einer Blockhütte in Colorado gekauft. Die Luft ist einfach gut.«

»Ich will ehrlich sein, Pam hat viel damit zu tun. Als wir uns kennenlernten, war ich ein abgetakelter Künstler. Jetzt habe ich viel mehr Selbstvertrauen.« In seinem Haus in Santa Barbara kümmert er sich ein bißchen um den Garten, geht hin und wieder fischen und wandern und sieht gerne Fernsehen. »Zu Hause bin ich ein sehr ruhiger Typ, da singe ich noch nicht mal in der Badewanne. Wenn das Wetter schlecht ist, beschäftige ich mich mit Puzzlespielen. Das klingt alles sehr simpel, aber ich mag diese Art von Beschäftigung. Es ist einfach schön, eine Zeitlang über nichts nachzudenken.«

Nach ihrer Heirat dachten Joe und Pam sogar darüber nach, eine richtige Familie zu gründen und Kinder zu adoptieren. »Pam kann keine Kinder mehr bekommen, denn sie hatte vor einiger Zeit eine Krebsoperation. In Amerika ist es einfacher, ein Kind mit schwarzer oder indianischer Abstammung zu adoptieren, andererseits, bei meiner Vergangenheit... Ich bin einfach zuviel unterwegs. Pam hat auch bereits eine Tochter und will eigentlich nicht mehr Kinder. Für uns, denke ich, ist der Zug abgefahren. Aber wenn ich oben auf der Bühne stehe und die sechzehnjährigen Kids im Publikum sehe, dann habe ich wirklich das Gefühl, daß diese Fans meine Kinder sind. Die Tatsache, daß diese jungen Leute in meine Konzerte kommen, bewegt mich immer wieder.«

Bereits im Sommer 1990 wartete die nächste Tour auf ihn. »Ich weiß auch nicht, was mich immer wieder auf die Bühne treibt und mich dazu bringt, diese anstrengenden Tourneen auf mich zu nehmen. Es hat nichts mit Geld zu tun, überhaupt nichts. Vielleicht ist es eine Art Pflicht. Aber in erster Linie macht es mir einfach Spaß. Wenn du rauskommst und die Kids dich immer noch sehen wollen, wiegt das all die Mühe auf. Und solange es mir noch Befriedigung gibt, kann ich mich auch damit abfinden, um fünf Uhr morgens aufzustehen.«

In Amerika war Joe mit dem texanischen Bluesgitarristen Stevie Ray Vaughn unterwegs. Ein Jahr später verunglückte der Supergitarrist bei einem Hubschrauberabsturz in Wisconsin/USA tödlich. Nach einem Konzert, das er zusammen mit Eric Clapton und Robert Cray gab, sollte ihn ein Helikopter nach Chicago bringen. Die Maschine zerschellte kurz nach dem Start an einem Hügel. Mit Stevie starben drei Mitglieder aus Eric Claptons Tourmannschaft und der Pilot.

Chris Stainton war über Joe und die Art, wie die Tournee lief, erstaunt. »Ich weiß nicht, wie er es schafft, jede Nacht eine Riesenshow abzuliefern. Wir sind ungefähr achtzigmal aufgetreten, und jede Nacht steht er zwei Stunden oder länger auf der Bühne, und alles läuft präzise und sauber ab.« Schließlich hatte Chris Joe auch schon anders erlebt.

Auch Helmut Fest bestätigte: »Ich habe in den letzten Jahren keinen gesehen, der so hart gearbeitet hat, was Aufnahmen und vor allem Live-Gigs angeht. Der bedingungslos 30/40/50-Städte-Tourneen regelmäßig jedes Jahr macht, der immer zuverlässig war, selbst wenn er mal am Abend einen über den Durst getrunken hatte. Und wenn er irgendwann mal abends nach drei oder vier Konzerten geschlaucht in der Ecke liegt, dann sagt er: ›Well, macht nichts. Ich habe mir gerade die Garage verdient.‹ So sieht er das. Er fährt kein teures Auto, trägt keinen teuren Schmuck, sondern will sich einfach nur sein Leben angenehm einrichten. Er ist auf sein Häuschen in Santa Barbara sehr stolz und will es noch ausbauen. Das ist seine Welt.«

DIE NEUNZIGER JAHRE

Anfang des Jahres 1991 erschien von Joe ein Album mit Live-Versionen seiner größten Hits: »Feelin' Alright«.

Im Januar trat er beim legendären Rock-in-Rio-Konzert auf. Das größte Rockfestival der Welt dauerte zehn Tage, und über vierzig Top-Acts gaben sich dort ein Stelldichein. Joe trat gleich am ersten Tag auf, nach ihm rundete der kleine Funk-Meister Prince den Abend ab. Außerdem mit dabei: die amerikanischen Superstars Guns 'n' Roses, die nach Faith No More und Billy Idol abräumten. Weitere Höhepunkte des buntgemischten Programms waren die Auftritte der New Kids, a-ha, INXS und der extra für dieses Festival zusammengekommenen Wham. Aus der Hard- und Heavy-Ecke gaben Judas Priest, Megadeth und Veteran Carlos Santana den Ton an.

Im Herbst 1991 wurde ein weiteres Erfolgsalbum in Europa, wo Joe am erfolgreichsten war, veröffentlicht: »Night Calls«. Es präsentierte die bekannte Mischung aus packenden Midtempo-Rocksongs und erdigen Balladen.

Ex-ELO-Kopf, Starproduzent und Wilburies-Mitglied Jeff Lynne steuerte den Titelsong »Night Calls« bei, der ehemalige REM-Proudzent Don Dixon den Hit »I Can Hear The River«. Bryan Adams gab nach der ersten erfolgreichen Zusammenarbeit zwei Songs an Joe ab: »When The Night Comes« und »Feels Like Forever«. Und sogar einem Prince-Song verpaßte Joe seine Blues-Behandlung. »Als Prince mir den Song schenkte, war ich erst skeptisch. Doch ich habe einen Weg gefunden, ihn zu interpretieren. Ich will ohnehin aus der Rockecke, dränge wieder stärker zum Soul und Blues. Der Text kam mir allerdings ziemlich lang vor. Ich hatte das Gefühl, ein ganzes Lexikon auswendig zu lernen.«

Ansonsten griff Joe auf englische Rockklassiker der siebziger Jahre zurück. Dazu gehörten das Free-Stück »Little Bit Of Love« sowie Gary Wrights 1972 geschriebener Nummer-Zwei-Hit »Love Is Alive« und das von Stevie Winwood für Blind Faith komponierte »Can't Find My Way Home«. *Diesen Song habe ich seit vielen Jahren geliebt. Für mich ist es ein Stück, das ich nach einer langen Nacht an der Bar singen würde – nur von einer akustischen Gitarre oder einem Klavier begleitet. Und genau so hat sich das dann auch ergeben. Im Anschluß an eine unserer Aufnahmesessions hat jemand die Akkorde angeschlagen, und ich sang los. Dann haben wir's gleich aufgenommen,* erzählte Joe in einem *ME/Sounds*-Interview.

Elton Johns Charts-Erfolg »Don't Let The Sun Go Down On Me« verarbeitete Joe ebenfalls, und auch eine Beatles-Nummer durfte nicht fehlen: »You've Got To Hide Your Love Away«.

Auch das Aufgebot von Stargästen konnte sich durchaus sehen lassen: Greg Philiganes aus Eric Claptons Band und Saxer Clarence Clemmons aus Bruce Springsteens E-Street-Band gaben ein kurzes Solo zum besten, Jeff Lynne spielte bei seinem Song sämtliche Instrumente außer Drums und Gitarre. »Die Zusammenarbeit mit Jeff war hart. Er rief mich an – er ist so ein netter, ruhiger Typ, der nicht gern mit irgendwelchen Managern verhandelt – und sagte, er hätte vielleicht einen Song für mich. Ich erwartete ein Demo-Band und war völlig perplex, als ich ein paar Tage später ein fertig produziertes Tape mit allem Drum und Dran erhielt, auf dem nur noch mein Gesang fehlte. Ich fragte trotzdem zur Sicherheit: ›Wann machen wir die Aufnahme?‹ Und Jeff antwortete: ›Nichts da. Das Stück ist fertig. Komm nach L. A. und sing deinen Teil, und dann ist die Sache im Kasten.‹ Ich fragte vorsichtig, was mit der Band sei, doch er winkte ab. Das sei nicht seine Art zu arbeiten. Es war eine wichtige Erfahrung, aber eine ganze Platte in diesem Stil aufnehmen? Nein, danke. Das ist nicht meine Art zu arbeiten!«

An den Drums saß bei diesem Tape mehr oder weniger zufällig Joes alter Kumpel Jim Keltner, ansonsten trommelte Steve Holley. Der

Song wurde als erste Single ausgekoppelt. Bryan Adams spielte die Rhythmusgitarre in seinem »When The Night Comes«. »I Can Hear The River« wurde die zweite Single.

Ein Werk ohne Ausschuß, lobte der Berliner *tip.* Der *ME/Sounds* verteilte fünf Punkte an das »Masterpiece« und bemerkte: *Kommerzielle Windschnittigkeit ohne Reibungsverlust.*

Das Album »Night Calls« markierte einen Wendepunkt in Joes Leben: Er trennte sich von seinem langjährigen Manager Michael Lang. Roger Davies, der auch Tina Turner betreut, wurde sein neuer Manager. Er übernahm auch bei einigen Songs auf dem Album bereits die Produktion, während Michael Lang noch bei einigen älteren Songs mitmischte.

Michael hatte ihn vor Jahren förmlich aus der Gosse aufgelesen und zu dem gemacht, was er heute ist. »Michael Lang verdient dafür die größte Anerkennung«, bekräftigte A&M-Boß Jerry Moss. »Joe brauchte jemanden, der ihn in beruflicher Hinsicht unterstützte, und Michael hat das getan.«

»Ich schulde ihm viel«, gab auch Joe zu. »Er ist ein Workaholic, und er hat unglaublich viel für mich getan. Ich könnte mich nie selbst managen. Ich kann Telefone nicht ausstehen. Für Michael ist ein Telefon dagegen das, was für mich ein Glas Bier ist. Ich finde es furchtbar, wenn ich zu Hause bin und das Ding klingelt.«

»Michael liebt Joe«, stellte Kevin Falhey, einer von Michaels Mitarbeitern, fest. »Michael ist, wie Joe auch, ein sehr eigenwilliger Mensch, und die beiden waren längst nicht immer einer Meinung. Aber die Sache funktionierte.«

Für Michael war Joes Erfolg eine große Bestätigung seiner Fähigkeiten. »Ich muß wirklich sagen, es war eine Heldentat!« Als er Joe kennenlernte, war dieser im wahrsten Sinne des Wortes ein Häufchen Elend, ohne Plattenvertrag und ohne Auftrittsmöglichkeiten, denn diese hatte er sich durch seine Alkoholeskapaden gründlich zerstört. Michael mußte ihn nicht nur wieder ganz von vorne aufbauen, sondern auch das lange Jahre gehegte Negativimage umwandeln. Und es gelang ihm. Anfang der neunziger Jahre war Joe auf dem Höhepunkt seiner Karriere.

Das war eine schwere Entscheidung für mich, sagte Joe in einem Interview mit dem *Kölner Express* am 19. Oktober 1991. *Ich fühle mich wie nach einer Scheidung. Es schmerzt noch sehr. Nur soviel: Ich suchte einen Profi, und Roger Davies, Tina Turners Manager, ist einer der Besten.*

In Köln holte sich Joe seine Goldene Schallplatte für »Night Calls« ab. Er erschien im karierten Wollblazer und in schwarzer Hose. Nur die Turnschuhe erinnerten an seine wilderen Jahre.

Im Februar und März 1992 tourte er durch Deutschland. Im Vorprogramm spielte Tony Joe White, der bei einigen Konzerten allerdings wegen einer verschleppten Mittelohrentzündung absagen mußte. Der Südstaatenrokker hatte für Tina Turner »Steamy Windows« und für Joes letztes Album »Out Of The Rain« geschrieben. Per Video wurde vor dem Konzert Cockers bewegtes Leben dargestellt. Mit achtköpfiger Band begab Joe sich um neun Uhr auf die Bühne, wo ihn tosender Beifall empfing. *Cocker als Rock-Grandseigneur,* stellte der *Musik Express/Sounds* überrascht fest. *Aus dem ›Spastiker‹ ist ein sympathisch-unbeholfener Entertainer geworden. Cocker wirkt locker, ist wach und aufgeräumt.*

Das machte sich auch äußerlich bemerkbar. Vorbei die Zeit, da Cocker in Jeans und schlabbrigem T-Shirt über die Bühne fetzte. Jetzt trat er elegant in Anzug und Hemd auf, zu ungewöhnlich üppiger Lightshow. Mit »Cry Me A River« stieg er ein und entrollte dann ein mit Hits gespicktes Zwei-Stunden-Programm. Zu zwei Zugaben ließ er sich von seinen begeisterten Fans überreden, in die er seine Oldies wie »With A Little Help...«, »You Are So Beautifil« und »The Letter« verpackte.

Joe Cocker ist selbst an schlechten Tagen immer noch besser als andere an ihren guten, stellte *ME/Sounds* überzeugend klar. *Was macht es da schon aus, daß seine Stimme in hohen Lagen brüchig wirkt wie altes Pergamentpapier, daß Stimmdruck und Volumen tief in irgendeiner Flasche versenkt wurden, daß der berühmte gequälte Schrei heute noch gequälter klingt als in früheren Jahren?*

1992 erschienen zwei Cocker-Bootlegs auf dem deutschen Markt: »Joe Cocker USA live«, ein Mitschnitt, der trotz des Titels nicht in den USA, sondern bei Joes Auftritt auf der Loreley am 20. August 1983 im Rahmen des vom WDR veranstalteten Rockpalast gemacht wurde, und »Joe Cocker Germany 1989«, aufgenommen bei seinem Konzert in Baden-Baden. Joe beauftragte den deutschen Rechtsanwalt Rüdiger Plegge, dagegen vorzugehen. (Bootlegs sind illegal aufgenommene und vertriebene Produkte, an denen der Künstler keinen Pfennig verdient.)

Die Deutschland-Tour war übrigens eingebettet in eine dreimonatige Europa-Tournee mit 64 Konzerten in dreizehn Ländern. Tourstart war am 22. Januar in The Ishallen in Helsinki, beendet wurde die Tour mit drei hintereinander ausverkauften Konzerten im gigantischen Londoner Wembley Stadion am 25., 26. und 27. April. Zwanzig Konzerte gab Joe insgesamt in Deutschland. Im Juni trat er noch auf einigen Open-Airs auf. In Deutschland erschien er in einem »Doppelpack« mit dem Blues-Gitarristen Eric Clapton. Joe startete um 18 Uhr mit seinem zweieinhalbstündigen Programm. Anschließend spielte Eric Clapton bis in den späten Abend.

Am 16. August begann Joe schließlich seine US-Tour im Popular Creek Music Theatre bei Chicago.

DIE ZUKUNFT

Je älter er wird, desto öfter wird Joe Cocker die Frage gestellt, wie lange er noch weitermachen will. Er hat darauf zwei Antworten: »Völlig unvorstellbar, daß ich mich mal zurücklehne und Schluß mache. Außerdem bin ich wohl doch noch etwas zu jung dafür. Schau dir John Lee Hooker an, der ist über siebzig. Oder B. B. King. Beide sind so gut wie früher.«

Andererseits gibt es da immer noch einen alten Traum, den Joe seit seinen Anfangstagen als Musiker hegt: »Wenn ich mir manchmal überlege, was ich tun könnte, dann sage ich immer, ich werde eines Tages, wenn ich etwas älter bin, eine Kneipe eröffnen. Es wäre wirklich stark, meine eigene Bar zu haben.«

Eins auf jeden Fall ist klar: »Ein gebrochenes Rohr könnte ich heute nicht mehr flicken. All die Materialien haben sich verändert. Es ist heute nicht mehr dasselbe wie früher.«

Zu Hause kümmert sich Joe gerne um seine Tiere: »Die Schweine haben wir jetzt seit sechs Jahren. Doch sie werden alt. Die Hufe gehen auseinander, die Tiere können nicht mehr lange stehen. Neulich habe ich gesehen, wie eins von ihnen im Liegen gefressen hat.«

Vielleicht wird man also eines Tages in »Joe's Diner« an der Bar stehen und einen Whisky schlürfen oder ein original englisches Lager an seine Lippen setzen. Vielleicht kann man Farmer Joe auch einmal bei einer Viehauktion antreffen.

Bis dahin aber ist eines klar: Im Frühjahr erscheint ein Greatest-Hits-Album, und dann wird Joe, wie all die Jahre davor, auf Tour gehen. Denn »das Größte ist es immer noch, auf der Bühne zu stehen und zu singen«.

ANHANG

ALBEN-DISKOGRAPHIE

With A Little Help From My Friends **(1969)**

Regal Zonophone 1C-062-90232

Feeling Alright
Bye Bye Blackbird
Change In Louise
Marjorine
Just Like A Woman
Do I Still Figure In Your Life?
Sandpaper Cadillac
Don't Let Me Be Misunderstood
With A Little Help From My Friends
I Shall Be Released

Joe Cocker! (1969)

Regal Zonophone 1C-062-90788

Dear Landlord
Bird On The Wire
Lawdy Miss Clawdy
She Came In Through The Bathroom Window
Hitchcock Railway
That's Your Business
Something
Delta Lady
Hello, Little Friend
Darling Be Home Soon

Mad Dogs & Englishmen (1970)

A&M 80813 XT

Honky Tonk Woman
Sticks And Stones
Cry Me A River
Bird On The Wire
Feelin' Alright
Superstar
Let's Get Stoned
Blue Medley –
– *I'll Drown In My Own Tears*
– *When Something Is Wrong With You Baby*
– *I've Been Loving You Too Long*
Girl From The North Country
Give Peace A Chance
The Came in Through The Bathroom Window
Space Captain
The Letter
Delta Lady

<u>Joe Cocker</u> (1972)

(1973 auch unter dem Titel »Something To Say« veröffentlicht)

Pardon Me Sir
High Time We Went
She Don't Mind
Black-Eyed Blues
Something To Say
Midnight Rider
Do Right Woman
Woman To Woman
St. James Infirmary

<u>I Can Stand A Little Rain</u> (1974)

Cube 2326 038

Put Out The Light
I Can Stand A Little Rain
I Get Mad
Sing Me A Song
The Moon Is A Harsh Mistress
Don't Forget Me
You Are So Beautiful
It's A Sin When You Love Somebody
Performance
Guilty

Jamaica Say You Will (1975)

Cube 26567-8 U

(That's What I Like) In My Woman
Where Am I Now?
I Think It's Going To Rain Today
Forgive Me Now
Oh Mama
Lucinda
If I Love You
Jamaica Say You Will
It's All Over But The Shoutin'
Jack-A-Diamonds

Sting Ray (1976)

A&M 27145 XOT

The Jealous Kind
I Broke Down
You Came Along
Catfish
Moon Drew
The Man In Me
She Is My Lady
Worrier
Born Thru' Indifference
A Song For You

Live in L. A. (1976)

Cube INT 161303

Dear Landlord
Early In The Mornin'
Didn't You Know You've Got To Cry Sometime?
St. James Infirmary
Hitchcock Railway
Midnight Rider
What Kind Of Man Are You?
High Time We Went
Love The One You're With

Die hier veröffentlichten Live-Aufnahmen stammen noch aus dem Jahr 1972.

Luxury You Can Afford (1978)

Asylum AS 53087

Fun Time
Watching The River Flow
Boogie Baby
A Whiter Shade Of Pale
I Can't Say No
Southern Lady
I Know (You Don't Want Me No More)
What You Did To Me Last Night
Lady, Put The Light Out
Wasted Years
I Heard It Through The Grapevine

Live in New York (1981)

Liberation 5002 (nur über Import)

Put Out The Light
Look What You've Done
So Blue
Guilty
Jealous Kind
Hitchcock Railway
Sweet Forgiveness
You Are So Beautiful
The Letter
With A Little Help From My Friends

Sheffield Steel (1982)

Island 204668

Look What You've Done
Shocked
Sweet Little Woman
Seven Days
Marie
Ruby Lee
Many Rivers To Cross
So Good, So Right
Talking Back To The Night
Just Like Always

One More Time (1983)

Island 205579

I Love The Night
Crazy In Love
Threw It All Away
One More Time
A Girl Like You
Hold On
Give Me Some
Even A Fool Would Let You Go
Pieces Of My Life

Civilized Man (1984)

Capitol 1C-064-2401392

Civilized Man
There Goes My Baby
Come On In
Tempted
Long Drag Off A Cigarette
I Love The Night
Crazy In Love
A Girl Like You
Hold On (I Feel Our Love Is Changing)
Even A Fool Would Let Go

<u>Cocker</u> **(1986)**

Capitol 1C-064-2404242

Shelter Me
A To Z
Don't You Love Me Anymore
Living Without Your Love
Don't Drink The Water
You Can Leave Your Hat On
Heart Of The Matter
Inner City Blues
Love Is On A Fade
Heaven

Unchain My Heart (1987)

Capitol IC-064-7482852

Unchain My Heart
Two Wrongs
I Stand In Wonder
The River's Rising
Isolation
All Our Tomorrows
A Woman Loves A Man
Trust In Me
The One
Satisfied

One Night Of Sin (1989)

Capitol 7918282

When The Night Comes
I Will Live For You
Got To Use My Imagination
Letting Go
Just To Keep From Drowning
Unforgiven
Another Mind Gone
Fever
You Know It's Gonna Hurt
Bad Bad Sign
I'm Your Man
One Night Of Sin

Joe Cocker Live (1990)

Capitol 7934162

Feelin' Alright
Shelter Me
Hitchcock Railway
Up Where We Belong
Guilty
You Can Leave Your Hat On
When The Night Comes
Unchain My Heart
With A Little Help From My Friends
You Are So Beautiful
The Letter
She Came In Through The Bathroom Window
High Time We Went
What Are You Doing With A Fool Like Me*
Living In The Promiseland*

* = *Studioaufnahmen*

<u>Night Calls</u> **(1991)**

Capitol 7958982

Love Is Alive
Little Bit Of Love
Please No More
There's A Storm Coming
You've Got To Hide Your Love Away
I Can Hear The River
Don't Let The Sun Go Down On Me
Night Calls
Five Women
Can't Find My Way Home
Not Too Young To Die Of A Broken Heart
Out Of The Rain

Night Calls (1992)
GB-Veröffentlichtung

Capitol 7988862

Feels Like Forever
I Can Hear The River
Now That The Magic Has Gone
Unchain My Heart (90's Version)
Night Calls
There's A Storm coming
Can't Find My Way Home
Don't Let The Sun Go Down On Me
When The Night Comes
Five Women
Love Is Alive
Please No More
Out Of The Rain
You've Got To Hide Your Love Away
When A Woman Cries

SOUNDTRACKS

Woodstock (1970)
With A Little Help From My Friends

An Officer And A Gentleman (1982)
Up Where We Belong (mit J. Warnes)

Teachers (1983)
Edge Of A Dream

Wildcats (1986)
We Are Alone

Zabou (1987)
Now That You're Gone

Harry And The Hendersons (1987)
Love Lives On

Bull Durham (1988)
When A Woman Loves A Man

Two Rooms (1991)
Sorry Seems To Be The Hardest Word

QUELLEN

Bücher:

»With a little help from my friends – Joe Cocker« von J. P. Bean, Hannibal Verlag, Wien, 1991

»Joe Cocker« von Frank Laufenberg, Moewig Verlag, Rastatt, 1988

»The Encyclopedia of Rock – Volume 2 – From Liverpool to San Francisco« von Phil Hardy und Dave Laing, Panther Books Ltd., 1976

»Rocklexikon« von Siegfried Schmidt-Joos und Barry Graves, rororo-handbuch, Rowohlt Verlag, Reinbek, 1979

»Rockmusik-Lexikon Europa« und »Rockmusik Lexikon Amerika« von Christian Graf, Taurus Verlag, HH, 1986

»The Guiness Book of British Hit Singles« von Jo und Tim Rice, Paul Gambaccini und Mike Read, Guiness Superlative Ltd., 1981

»Rolling Stone Rock Almanac« von den Redakteuren des Rolling Stone, Macmillan Publishers Ltd., London, 1983

»Woodstock Vision« von Elliott Landy, Rowohlt Verlag, Reinbek, 1984

»Die Beatles – Ihre Karriere, ihre Musik, ihre Erfolge« von Rombeck, Neumann, Moers, Bastei-Lübbe, 1977

»Let's go down the Cavern« von Spencer und Leigh, Vermillion, London, 1984

»Christgau's Record Guide – Rock Albums of the Seventies« von Robert Christgau, Tichnor & Fields, N. Y., 1971

»AWopBopaLooBopALopBamBoom« von Nik Cohn

»Wem gehört die Rockmusik?« von Steve Chapple und Reebee Garofalo, rororo, Rowohlt Taschenbuch, Reinbek, 1980

»Rock Story« von Raoul Hoffmann, Ullstein Sachbuch, 1981

BILDNACHWEIS

1) Agentur Kövesdi
2) dpa/Wöstmann
3) Neal Preston/EMI
4) dpa/Hollemann
5) action-press/Hempel
6) dpa/Menk
7) Peter Sylent
8) action-press/Clauberg
9) action-press/Krug
10) EMI
11) dpa/Schnatmeyer
12) EMI
13) amw/Kellner